O mundo nos pertence

Christophe Aguiton

O mundo nos pertence

VIRAMUNDO

Copyright © 2001 by Plon
Copyright © 2002 da tradução brasileira, Editora Viramundo
Título original em francês: *Le Monde nous appartient*

Coordenação editorial Ivana Jinkings
Tradução Maria Cristina Cupertino
　　　　　　João Machado Borges Neto
Revisão da tradução José Corrêa Leite
Revisão Maurício Balthazar Leal
　　　　　Sandra Regina de Souza
Capa Gilberto Maringoni
　　　sobre foto da manifestação em Gênova, julho de 2001
　　　(AP/Michel Spingler)
Diagramação Antonio Carlos Kehl
　　　　　　　Flavio Valverde Garotti
Produção gráfica Eliane Alves de Oliveira
Fotolitos OESP
Impressão e acabamento Assahi Gráfica e Editora

Nenhuma parte deste livro pode ser utilizada ou reproduzida, sob qualquer forma, sem a expressa autorização da editora.

ISBN 85-87767-08-9

1ª edição: janeiro de 2002

Todos os direitos reservados à:

EDITORA VIRAMUNDO
Rua Euclides de Andrade, 27 - Perdizes
São Paulo - SP - CEP 05030-030
Tel. (11) 3875-7285 - Fax (11) 3875-7250
E-mail: viramundo@boitempo.com
Site: http//www.boitempo.com

Sumário

Apresentação, por Michael Löwy 7

INTRODUÇÃO: de Seattle a Porto Alegre 11

PRIMEIRA PARTE – A nova ordem do mundo 25
1. Os tempos da mundialização 27
2. A reorganização do mundo a partir da guerra do Golfo 43
3. A mundialização do capital, uma revolução global 59

SEGUNDA PARTE – A mundialização dos movimentos sociais 83
1. Os movimentos sociais no novo contexto mundial 85
2. Atores em mudança, problemas comuns 93
3. Atores em mudança, os sindicatos 103
4. Atores em mudança, movimentos em plena ascensão 137
5. Campanhas e iniciativas comuns 173
Conclusão 187

POSFÁCIO 1 – Gênova 197

POSFÁCIO 2 – Movimentos contra a globalização
depois de 11 de setembro 209

Lista das siglas 213

Bibliografia 217

Apresentação

Christophe Aguiton é não apenas um observador agudo, mas um ator social de destaque no movimento contra a globalização capitalista neoliberal. Sindicalista da nova geração, articulador de movimentos contra o desemprego e responsável por relações internacionais da associação ATTAC na França, ele esteve presente em todas as mobilizações mais recentes, de Seattle a Gênova, passando por Porto Alegre.

O livro é uma admirável síntese dos debates e experiências do combate mundial contra a *corporate globalization*, vistos por assim dizer "de dentro", mas ao mesmo tempo com a necessária distância crítica. A primeira parte é uma análise – de inspiração marxista – da nova ordem mundial e do novo regime de acumulação capitalista, sob a hegemonia do neoliberalismo codificado no famoso Consenso de Washington. E a segunda é a análise concreta da impressionante diversidade e riqueza das forças que compõem o movimento antiliberal, a partir das grandes manifestações de Seattle contra a Organização Mundial do Comércio em 1999: sindicalistas, movimentos camponeses, marcha de mulheres, ecologistas, ONGs, redes de ação direta. Aguiton examina também, com lucidez e inteligência, as discussões que atravessam o movimento, entre seus três pólos principais: o radical internacionalista – para o qual vai sua simpatia – o nacional/protecionista e o reformista. Mas ele mostra que se trata apenas de coerências virtuais, num contexto em que a fluidez do debate predomina sobre as posições rígidas. Apesar das divergências, existe um projeto comum à grande maioria dos que participam do movimento: agir juntos, além das fronteiras nacionais, para combater a "mercantilização do mundo" e lançar as bases de uma nova ordem mundial.

Uma certa imprensa neoliberal, para confundir as coisas, chama aos militantes antiliberais de "antimundialistas", numa tentativa deliberada de desinformação. O movimento não é "antimundial": ele é contra este mundo capitalista, neoliberal, injusto e desumano, e busca um outro mundo, mais justo e fraterno. Ele representa a esperança, o projeto realista e possível de uma outra economia local, nacional e mundial, voltada para a satisfação das necessidades sociais, respeitosa do meio ambiente e do equilíbrio ecológico. O projeto realista e possível de uma outra sociedade, de uma outra civilização, baseada nos valores de igualdade, solidariedade, cooperação, ajuda mútua.

Muitos dos que estamos neste movimento acreditamos no socialismo como única alternativa autêntica e radical à ordem de coisas existente; mas estamos unidos, com nossos amigos que não partilham esta opção, no combate por reivindicações concretas e imediatas: taxa Tobin sobre o capital especulativo, supressão da dívida externa, abolição dos chamados "paraísos fiscais", reforma agrária, moratória sobre os transgênicos.

Um dos objetivos do movimento antiglobalização é criar um pólo mundial de oposição à ditadura do grande capital e de suas instituições internacionais: OMC, FMI, G-7, OTAN. Mas este contrapoder global só pode se construir, crescer, dar galhos, folhas, flores e frutos se tiver raízes na realidade concreta local, em experiências locais de gestão democrática (Porto Alegre!) e de luta. Dois exemplos ilustram esta afirmação: a Confederação Camponesa da França e o MST brasileiro. Os dois só tem a força que conhecemos no nível do movimento mundial contra a globalização liberal porque possuem sólidas bases nas experiências locais, nas necessidades locais, nas lutas locais. São movimentos radicais, isto é, atacam a raiz dos problemas: a apropriação capitalista da terra, o produtivismo agroindustrial, a política agressiva dos monopólios multinacionais de sementes e insumos. O livro de Aguiton é uma excelente introdução ao conhecimento deste novo movimento, que em seu protesto contra a mercantilização da vida está plantando as sementes de um nova civilização, mais humana e solidária.

Michael Löwy
novembro de 2001

INTRODUÇÃO
De Seattle a Porto Alegre

Washington

Na noite de 30 de novembro de 1999 os noticiários televisivos do mundo inteiro divulgaram um acontecimento totalmente inesperado: em Seattle, nos Estados Unidos, manifestantes bloquearam o centro de conferências onde iria se realizar a assembléia geral da Organização Mundial do Comércio (OMC), uma instituição internacional que se inclui entre as mais poderosas. Devido ao número e à determinação dos manifestantes, mas também graças ao despreparo da polícia, as autoridades americanas decretaram estado de emergência.

Quatro meses depois, no dia 16 de abril de 2000, repetiu-se o mesmo *script*. Dessa vez o cenário foi Washington. Lá o motivo das manifestações foi a realização de uma obscura "reunião de primavera" do Fundo Monetário Internacional (FMI) e do Banco Mundial, duas instituições financeiras pouco conhecidas do grande público.

É nesse ponto que começamos.

Movimentos que vão influir por longo tempo no futuro do mundo surgiram aos olhos de todos. Outra globalização está em andamento. Caótica, às vezes contraditória. Mas estamos apenas no início dela.

Às seis horas da manhã do dia 16 de abril de 2000 as ruas de Washington, a capital dos Estados Unidos, foram tomadas por uma multidão colorida que é rara num domingo, mesmo com o lindo sol que fazia. Os manifestantes — talvez uns 10 mil — cercam uma grande zona retangular guardada pelas forças da ordem: a área onde se encontra a Casa Branca, a sede do Banco Mundial e a do FMI. Cada um sabe o que tem de fazer. A estrutura de base são os "grupos de afinidade", que reúnem militantes provenientes de correntes muito diversas, desde o grupo de amigos da mesma universidade ao movimento ecológico dessa ou daquela cidade, sem contar os "tigres voadores" ou as *pom-pom girls* radicais". Alguns grupos, cujos membros estão dispostos a se deixar ser presos, bloqueiam os cruzamentos e as ruas. A distribuição dos locais foi determinada antecipadamente e não há nenhum risco de erro, mesmo para os militantes que não conheçam a cidade: Washington, como as outras cidades americanas, é organizada segundo um plano retangular, no qual as avenidas com nomes que vão de I a X cruzam com as ruas que têm esses mesmos nomes. Outros grupos, as "brigadas volantes", se posicionam em torno das barreiras para se precaver contra qualquer eventualidade e para formar uma massa capaz de enfrentar a possível intervenção policial. Alguns entre eles chegaram em veículos pintados de forma extravagante, outros têm orquestras ou coros.

Informadas sobre os planos dos manifestantes, as autoridades americanas haviam pedido às delegações dos Estados que iriam comparecer à assembléia do FMI e do Banco Mundial que chegassem a partir das cinco horas da manhã. Mas vários delegados, a começar por Laurent Fabius, que representava a França como ministro das Finanças, chegaram muito tarde e precisaram voltar debaixo da vaia dos militantes presentes.

Esse evento tinha sido orquestrado pela DAN (Direct Action Network), uma estrutura criada no dia 30 de novembro de 1999 para preparar as manifestações de Seattle.

Uma estrutura flexível, para a qual o principal problema nessa manifestação em Washington era organizar grupos que não se conheciam e que vinham de todo o território americano, sobretudo da costa Leste. Para isso, duas ou três vezes por dia, na véspera e na antevéspera da manifestação, a DAN tinha previsto reuniões de porta-vozes dos grupos de afinidade, os *spokecouncils*, que serviam para atribuir a cada um uma zona e uma função e para comunicar instruções expressas sobre as táticas de luta não violenta. Essas reuniões de delegados agrupavam muitas centenas de pessoas. Estas eram avisadas na última hora, com os celulares desempenhando maravilhosamente seu papel, para contornar o risco de intervenções policiais. Com isso não se procurava impedir a polícia de localizar essas reuniões: todas elas ocorriam nas igrejas situadas no mesmo bairro. A intenção era não deixar às autoridades tempo de encontrar um pretexto legal para uma intervenção, uma vez que no dia 15 de abril cerca de seiscentas pessoas tinham sido presas porque estavam nas proximidades de um local de reunião utilizado pelos grupos que chegavam na capital, o "centro de convergência": a polícia havia decretado que aquele local não respeitava os regulamentos antiincêndio.

Nessas reuniões nenhum participante tinha mais de trinta anos. Com duas exceções: raros estrangeiros de passagem e os enviados da AFL-CIO. Estes, membros da equipe da confederação sindical, estavam ali para a coordenação das ações. Um discurso muito unitário: "Em Seattle os sindicatos e a Direct Action Network desfilaram separadamente, sem coordenação; em Washington é preciso agir em conjunto, de modo complementar e organizado." De fato, a AFL-CIO só convocou para a manifestação do dia 16 no último momento, e apenas os sindicatos mais dinâmicos e mais à esquerda estiveram realmente presentes. Nas primeiras fileiras da manifestação oficial do dia 16 de abril, onde havia 20 mil manifestantes, encontram-se os *steelworkers* – os trabalhadores da siderurgia – que em Seattle já eram muito numerosos, e o CWA, o poderoso sindicato da comunicação que desfila com a direção da AFL-CIO de Porto Rico, os mesmos que organizaram, na ilha, uma greve geral contra a privatização das telecomunicações. Por toda parte nota-se a presença dos integrantes do Jobs with Justice, uma organização de base criada por militantes sindicais para fazer a ligação com os movimentos de universitários, os de desempregados e os de assalariados precários. E, como fora previsto nas reuniões de coordenação, a manifestação fez a ligação com os militantes que continuavam a bloquear o acesso à sede do FMI e à do Banco Mundial.

Os manifestantes de Washington tinham as mesmas motivações e se pareciam muito com os que, quatro meses antes, haviam feito a manifestação em Seattle e bloqueado a entrada do centro de conferências onde se realizava a assembléia geral da OMC. Nos dois casos o que surpreendeu foi o número de jovens manifestantes, que não era observado nos Estados Unidos desde o fim da guerra do Vietnã, e o envolvimento do sindicalismo, uma reviravolta ainda mais admirável se nos lembramos de que em 1968 e quando dos protestos contra a guerra que tinham mobilizado a juventude americana os sindicatos se mantiveram sempre fiéis ao poder estabelecido.

Para compreender o porquê dessas mobilizações é preciso considerar as realidades americanas, sobretudo observar a reviravolta sindical, cujo momento simbólico foi o congresso de outubro de 1995, quando John J. Sweeney foi eleito presidente da AFL-CIO contra a vontade da equipe anterior.

Mas é preciso também compreender que se trata de um fenômeno muito mais global: as manifestações de Seattle e de Washington entram em ressonância com mobilizações e movimentos que se desenvolvem no mundo inteiro contra o que na França é denominado "globalização liberal" e que os militantes americanos chamam de *corporate globalization*, a "globalização a serviço das grandes empresas".

As reuniões do G7 são, há alguns anos, ocasião de grandes manifestações para a anulação da dívida dos países do Terceiro Mundo: em junho de 1998, em Birmingham, cerca de 80 mil pessoas responderam à convocação do Jubileu 2000, uma coalizão nascida na Grã-Bretanha mas que enxameou para todas as regiões do mundo.

Outros militantes, mais radicais, também aproveitaram o conteúdo simbólico da reunião anual dos países mais ricos do mundo. No dia 18 de junho de 1999 o Reclaim the Streets, outra organização nascida na Grã-Bretanha, realizou em Londres uma manifestação dirigida contra os centros financeiros que dominam o planeta. Um movimento de mais de 10 mil jovens que venceu as forças policiais e que – o que desde 1850 não se havia visto numa manifestação – conseguiu penetrar no centro financeiro de Londres.

Na França, e depois em vários países, o movimento ATTAC tem um enorme sucesso. Nascido antes da crise financeira de 1997 que atingiu inicialmente os países asiáticos, tendo como primeiro objetivo promover uma medida muito técnica, a "taxa Tobin", o ATTAC esteve presente em todas as mobilizações: em Seattle, em novembro de 1999, assim como em Milão, em junho de 2000, para apoiar José Bové e seus companheiros da Confederação Camponesa em Nice, e em dezembro de 2000 por ocasião da reunião de cúpula da União Européia.

Por toda parte, em todos os continentes, constituem-se redes, surgem novas organizações, criam-se campanhas continentais ou mundiais: marchas européias contra o desemprego, as exclusões e a precariedade; na Europa, jornada dos excluídos, no dia 12 de outubro; na América Latina, marcha mundial das mulheres contra a pobreza e as violências.

Entre os precursores, os zapatistas merecem um lugar especial. Por uma condensação que simboliza bem o entrelaçamento das temáticas – uma característica dos movimentos de resistência à globalização liberal –, a rebelião em Chiapas defendeu os direitos das populações indígenas projetando-se na cena mundial como um ponto de focalização possível para todos os excluídos do sistema neoliberal. Tudo é escolhido para dar sentido: a data da revolta, 1º de janeiro de 1994, no exato momento em que entravam em aplicação os acordos do NAFTA, uma zona de livre comércio entre México, Canadá e Estados Unidos, até os textos do subcomandante[1], "Marcos é homossexual em São Francisco,

---

[1] Subcomandante Marcos, "Los arroyos cuando bajan", de "EZLN, documentos y comunicados", Editorial ERA, México, 1994.

negro na África do Sul [...] índio nas ruas de San Cristobal, judeu na Alemanha [...] pacifista na Bósnia, *mapuche* nos Andes", passando pelo "encontro intergalático" do verão de 1996, na floresta de Lacandona, que foi a primeira reunião mundial de militantes reunidos para uma "outra globalização".

Os encontros internacionais vão se multiplicar em 1999 e 2000. Impõe-se construir mobilizações específicas, campanhas, como a realizada em torno da anulação da dívida dos países do Terceiro Mundo. Mas impõe-se também, mais amplamente, refletir sobre as alternativas possíveis ao neoliberalismo e se prover das ferramentas necessárias à coordenação das ações e à reflexão comum.

Uma mudança radical

O que mais nos impressiona, quando nos distanciamos um pouco, é a amplitude e também a velocidade da mudança.

Os anos 80 foram a década da vitória do liberalismo – os anos Reagan/Thatcher – e do declínio daquilo a que ainda chamávamos de movimento operário. Um declínio estrutural: em vinte anos, nos países mais desenvolvidos – América do Norte, Europa Ocidental e Japão – os sindicatos perderam cerca da metade de seus membros[2]. A crise das organizações do movimento operário, da esquerda em geral, foi também – e isso talvez seja o mais importante – uma crise ideológica, uma crise de perspectiva. As três grandes respostas ideológicas do pós-guerra entraram em crise no mesmo período[3]. Os modelos de economias planejadas, postos em prática de modo burocrático nos países do Leste

---

[2] Os dados que fornecem a taxa de sindicalização são difíceis de comparar fora dos países mais desenvolvidos. As mudanças políticas que ocorreram no resto do mundo tornam problemáticas as análises: fim das ditaduras na América Latina, queda dos regimes do Pacto de Varsóvia etc.

[3] Tese extraordinariamente desenvolvida por Samir Amin em vários textos e conferências. Em "Essas outras histórias que há para contar", atas do Colóquio Internacional Em Tempo de Expo, organizado em Lisboa em julho de 1998 por ocasião da Exposição Internacional.

Europeu. Os modelos keynesianos ou "fordistas" promovidos pelos governos ocidentais dos anos 50 aos anos 70, modelos sobre os quais se apóiam os partidos socialdemocratas e a maioria do mundo sindical desses países. Enfim, os modelos "desenvolvimentistas" de vários países do Terceiro Mundo que tentavam, pela substituição das importações por produtos locais, sair do desenvolvimento desigual em que esses países trocavam matérias-primas e produtos agrícolas por manufaturas vindas do hemisfério Norte.

O início dos anos 90 representou o apogeu dessa tendência. O desaparecimento da URSS e dos regimes do bloco do Leste Europeu no momento exato em que os sandinistas perdiam as eleições na Nicarágua foi interpretado como a vitória – freqüentemente apresentada como decisiva, e até mesmo definitiva – dos Estados Unidos, do Ocidente e do capitalismo. Os anos de 1989 e 1991 foram um curto período durante o qual importantes acontecimentos políticos, da queda do Muro de Berlim à guerra do Golfo, suscitaram uma reorganização do mundo. É também o momento em que se formaliza uma política econômica conjunta conhecida como "Consenso de Washington", posta em prática pelas instituições financeiras internacionais e pelos grandes países desenvolvidos, os Estados Unidos e depois a União Européia e o Japão.

Essa rápida recapitulação nos leva a apreender melhor a extensão da novidade. É surpreendente constatar a rapidez com que os movimentos sociais puderam se recompor, a ponto de contribuírem para derrotar, pontualmente pelo menos, grandes instituições internacionais como a OMC. A rapidez da recuperação é ainda mais admirável se se leva em conta que foi necessário, anteriormente ao desenvolvimento de movimentos de contestação continentais ou mundiais, que as lutas se reiniciassem nos quadros nacionais, que os sindicatos evoluíssem, que novas organizações se formassem. Nada teria sido possível sem as greves de 1995 na França ou o surgimento dos movimentos de desempregados, sem as greves da UPS, da General Motors ou da Boeing nos Estados Unidos, sem o movimento de greve dos operários coreanos em 1997-1998, sem o peso que ganhou, no Brasil, o Movimento dos Sem-Terra ou sem o nascimento, na Grã-

Bretanha no início dos anos 90, de um movimento ecológico radical que se opôs a um novo plano de construções viárias. Essas mobilizações transcenderam a fase da resistência. Ou, mais exatamente, estamos num momento em que se combinam movimentos de resistência e movimentos mais agressivos, estes tendo como local predominante os países que, como os Estados Unidos, passam por uma fase de retomada econômica. Nos campi americanos o primeiro grande movimento que surgiu nos anos 90, em torno da campanha *clean clothes*, se propôs como primeiro objetivo verificar as condições de trabalho dos assalariados que fabricam as célebres *sweat-shirts* com o logotipo das universidades americanas.

Constatar o renascimento do movimento social não implica contudo que o passado tenha sido apagado.

A retomada das lutas e das greves em vários países, entre os quais os Estados Unidos e a França, não foi acompanhada de uma onda de sindicalizações, contrariamente ao que ocorreu na França em junho de 1936 ou em maio de 1968. Nos Estados Unidos o declínio regular da taxa de sindicalização só parou de ocorrer em 1999[4]. A França apresenta estatísticas semelhantes, com os ganhos de alguns sindicatos compensando as perdas de outros.

Se existem dinâmicas positivas entre os sindicatos e os outros movimentos sociais, como ocorreu durante as manifestações de Seattle e Washington, isso está longe de ser a regra geral. Na Grã-Bretanha a direção dos sindicatos considera que os membros do Reclaim the Streets não passam de anarquistas irresponsáveis. E a campanha pela anulação da dívida, criada pelo Jubileu 2000 e no entanto sustentada em caráter oficial por alguns sindicatos grandes, não foi capaz de atrair efetivamente um mundo sindical que não superou as derrotas dos anos 80.

Em outros países as lutas são retomadas apenas de modo parcial e incerto. É o caso da Alemanha, onde o movimento dos

---

[4] Os dados publicados pelo Departamento de Estatísticas do Trabalho mostram que, com mais de 265 mil novas filiações, o ano de 1999 foi o que teve o maior aumento do número de sindicalizados nas duas últimas décadas. Contudo esse aumento foi suficiente apenas para fazer cessar a queda da taxa de sindicalização (13,9%), com a criação de muitos empregos no mesmo ano.

desempregados do inverno de 1998 não foi suficiente para revitalizar o sindicalismo e as ONGs[5], e do Japão, que só tem movimentos sociais ainda mais embrionários.

Todos esses exemplos só dizem respeito aos países mais desenvolvidos. Nos países do hemisfério Sul ou do leste da Europa as situações contrastam ainda mais e há poucas ferramentas de mensuração que permitam fazer comparações. Qual é a realidade dos movimentos sociais na Rússia atual? Qual pode ser o prognóstico sobre a situação dos movimentos populares no México depois da grande greve dos estudantes da Universidade do México, a UNAM, a eleição de Vincente Fox para a presidência da República, em julho de 2000, e a marcha dos zapatistas de março de 2001?

Teremos de nos satisfazer, nessa etapa, com as dinâmicas globais, tentando perceber como a situação dos movimentos no âmbito internacional ou continental pode se refletir nas situações nacionais. Não porque se poderia fazer a economia de suas relações de força políticas e sociais em escala nacional, mas porque as interações são mais do que nunca importantes num contexto mundial absolutamente novo.

Debates que começam a surgir

Estamos assistindo a uma revitalização dos movimentos sociais, no plano tanto nacional como internacional. Eles pesam hoje o suficiente para poder influir sobre o curso dos acontecimentos. Aparentemente estão reunidas as condições que permitiriam o surgimento de grandes debates políticos nos quais se discutiriam o futuro do mundo e as soluções alternativas às políticas neoliberais.

---

[5] A expressão ONG, organização não-governamental, não tem o mesmo sentido em todos os países. Na França ela designa claramente o mundo humanitário desenvolvido ao máximo nos movimentos de defesa dos Direitos do Homem. Nos outros países, particularmente nos países anglo-saxônicos, a expressão ONG tende a englobar tudo o que não é governamental, com exceção dos sindicatos – é o que na França chamamos de mundo associativo. Neste ensaio a expressão "ONG" será empregada em função de seu contexto, com um sentido estreito no que diz respeito à França, mais amplo na maioria dos outros países.

Esses debates existem, embora ainda em estado embrionário, e as grandes alternativas estão prestes a surgir. Podemos apresentá-las sob a forma de três pólos.

• Um pólo radical, internacionalista, que se opõe ao mesmo tempo às respostas nacionalistas ou protecionistas e às propostas de reformas, freqüentemente de amplitude limitada, que, alegando realismo, levariam os movimentos a ficar sob a influência dessa ou daquela instituição internacional — a ONU contra o FMI, por exemplo. Contudo esse pólo tem dificuldade em formular propostas coerentes de conjunto, e as respostas alternativas que ele poderia ter apresentado — planejamento democrático, autogestão etc. — estão fragilizadas pela crise geral dos vários projetos de transformação social.

• Um pólo nacionalista, ou pelo menos convencido de que o quadro dos Estados-nações é o único possível para garantir as conquistas sociais e permitir a expressão da democracia. Encontraremos esse pólo tanto nos países ricos, onde ele poderá se fundir numa aliança de fato com forças protecionistas para erguer uma barreira contra a globalização, quanto nos países do hemisfério Sul, onde ele desenvolverá freqüentemente as teses clássicas do terceiro-mundismo dos anos 70. A dificuldade para os defensores dessa orientação é a mesma dos "radicais", ou seja, definir, tanto para os países do Sul como para os países mais desenvolvidos, um projeto coerente e que tenha credibilidade.

• Um pólo "neo-reformista", mais presente nos países do hemisfério Norte do que nos do Sul, onde a prioridade é defender uma reforma global das instituições internacionais. São os defensores da *global governance*, que se opõem tanto às formas extremas do neoliberalismo quanto às respostas nacionalistas. Esse pólo, o mais sensível ao canto das sereias das instituições internacionais que depois de Seattle e Washington buscam uma "abertura", está fragilizado pela exigüidade das margens de manobra possíveis hoje no interior das instituições internacionais.

O emprego do termo "pólo" não é irrelevante. Ele procura indicar que não se trata de posições bem definidas, que formariam um corpo de respostas coerente e global. Poucos dos atores dos movimentos que lutam contra a globalização liberal se reconheceriam nessa classificação; ela não corresponde à fluidez dos debates atuais, nos quais cada um pode usar argumentos do lado de um ou outro dos pólos apresentados aqui. O único interesse dessa apresentação é permitir compreender melhor as linhas de força e extrair as coerências, mesmo sendo elas, atualmente, apenas virtuais.

Esse retorno dos grandes debates políticos tem de particular o fato de essencialmente ocorrer fora do mundo dos partidos políticos.

A década de 1990 viu esboçar-se um duplo movimento de sentidos opostos: os movimentos sociais do mundo inteiro se radicalizaram ao mesmo tempo que os partidos políticos evoluíram para a direita, com o realismo se impondo até a algumas forças radicais (Partido dos Trabalhadores brasileiro, partidos originários das guerrilhas centro-americanas etc.). A realidade é, evidentemente, mais complexa, sendo que algumas organizações sindicais, sobretudo na Europa, perseguem uma evolução à direita iniciada nos anos 80, e existem formações políticas que não se inserem nessa evolução. Mas, visto com um recuo, esse movimento duplo de pêndulo explica as grandes tendências. A participação recente de vários partidos de esquerda na gestão governamental, na América Latina e sobretudo na Europa, acelerou esses processos, sendo que nenhum desses governos se desvia, em suas grandes escolhas, do "Consenso de Washington", as tábuas da lei da globalização liberal.

O mesmo tema, a globalização, está na origem dessas evoluções contraditórias.

Os movimentos sociais se mobilizam contra as conseqüências, sobretudo sociais e ambientais, da globalização liberal, e a partir daí chegam a uma contestação muito mais global. Os partidos políticos, sobretudo se se associam à gestão governamental, tendem a considerar que as dificuldades dessa mesma globalização são dados inelutáveis, e a única coisa que se pode fazer, na melhor das hipóteses, é corrigir suas conseqüências mais brutais.

Essa diferença de trajetórias entre partidos políticos e movimentos sociais remete a questões mais antigas, que já foram objeto de muitas análises e estudos[6].

Uma única idéia é importante para prosseguirmos nesta demonstração: a crise das perspectivas alternativas ao liberalismo tende a dissolver o vínculo que unia partidos e movimentos sociais numa visão conjunta sobre o futuro a ser construído. Tendo apenas poucas estratégias a compartilhar, cada um, em seu mundo, vê se acelerarem os fenômenos que já existem. Os partidos dão prioridade à gestão das instituições e à participação no jogo eleitoral, enquanto os movimentos sociais se ocupam de seu campo, a gestão do "social", mas também a organização das resistências da sociedade. A partir de prismas de leitura tão diferentes, compreende-se como, em circunstâncias históricas particulares, partidos e movimentos podem chegar a conclusões tão diversas.

Isso contudo não ocorre sem conseqüências, sobretudo para os movimentos sociais jovens e pouco marcados por experiências anteriores. Eles terão de dominar esses grandes debates de orientações em quadros em que se encontrarão sindicatos, ONGs e alguns intelectuais que se exprimem pelo porta-voz de "*think tanks*"[7].

Ao concluir esta introdução, surgem alguns problemas. É preciso se desfazer da ilusão de poder elucidar as profundas evoluções do mundo e suas grandes tendências, as "*trends*", para usar a expressão tão do agrado de Immanuel Wallerstein. Nossa única preocupação continua a ser permitir, por este ensaio, alguns esclarecimentos. Para além da própria competência e da agudeza da análise dos autores citados, estamos numa fase de reviravolta do mundo em que as margens de incertezas são grandes demais para que resultem simplesmente uma orientação da análise da situação.

---

[6] Veja entre outros o artigo de Phillippe Corcuff e Christophe Aguiton sobre as relações partidos-sindicatos na revista *Mouvements* número 3, março-abril de 1999.

[7] Literalmente: "caixas de idéias". Os *think tanks* são estruturas provenientes da tradição americana, freqüentemente identificadas com as ONGs, mas cujo principal objetivo é defender uma orientação, uma linha.

Se este livro apenas conseguir fornecer algumas diretrizes para a ação, alguns elementos para orientar as atividades militantes num sentido que ofereça o máximo de oportunidades para que "os de baixo" – trabalhadores rurais do Terceiro Mundo, desempregados, assalariados, jovens que entram na ação em vários países – se façam ouvidos, seu objetivo terá sido atingido.

PRIMEIRA PARTE
A nova ordem do mundo

1
Os tempos da mundialização

Fim do século, fim do milênio...
Uma simples coisa de calendário. É o que poderíamos nos dizer lendo muitos artigos e ensaios, alguns dos quais estão entre os mais sérios, publicados neste fim de século, neste fim de milênio. Michel Beaud começa sua obra *Le Basculement du Monde*[1] [*A reviravolta do mundo*] pelo estudo dos "sinais do fim de um mundo". Cita o fim da experiência soviética que, com grandes rupturas – começando pelo stalinismo –, atravessou o século. O esgotamento das ilusões dos países do Terceiro Mundo de um desenvolvimento rápido após as independências. O fim do longo ciclo de dominação da Europa sobre o mundo, assim como o "fim das grandes crenças leigas, o sentido da História, a chegada inelutável de uma sociedade superior, o Progresso, a Razão".
A questão é, entretanto, mais séria do que o simples simbolismo de uma data, que Michel Beaud lembra só ter significado para a cristandade. Numerosos argumentos podem ser expostos para demonstrar a importância das transformações em curso. Eis um deles, tirado da observação da última onda de especulação nas Bolsas que atingiu, em 1999 e no início do ano 2000, os valores

---

[1] Michel Beaud, *Le Basculement du Monde. De la terre, des hommes et du capitalisme.* La Découverte, 1997, reeditado com um posfácio do autor em 1999.

da "nova economia", as companhias do setor da Internet. É apenas um elemento a mais que, a partir de uma onda especulativa muito divulgada na mídia, indica que o capitalismo entra em uma fase totalmente nova.

A Bolsa é uma questão importante, um objeto de estudos tanto mais sérios quanto aí se jogam fortunas e as empresas encontram os capitais que lhes são necessários. O valor das ações depende de seu rendimento: da relação entre o dividendo – o "cupom" – e o preço da ação. Este rendimento é comparado com o de empréstimos, obrigações e bônus do Tesouro, cuja evolução – trata-se das famosas taxas de juros – tem uma incidência direta no curso das Bolsas. O rendimento das ações não é o único critério que interessa aos investidores; as expectativas de alta dos preços contam muito nas decisões de compra ou de venda. Mas há uma relação entre eles: nas principais praças bursáteis, a relação preço/lucro se situa hoje entre 15 e 25. No início do ano 2000, para os valores da Internet, esta relação havia ultrapassado 100, e havia atingido 500 para as estrelas do grupo. Para as *start-up*, companhias emergentes que só podem, na sua maioria, exibir perdas, a relação entre o preço da ação e o lucro não tem evidentemente nenhum sentido. Mas há outros indicadores que permitem avaliar o nível da onda especulativa: a relação entre a capitalização bursátil e o volume de negócios. Se ela vale 1 para Suez-Lyonnaise, 0,7 para AXA ou mesmo 0,3 para Renault, pode saltar a 100 para Cisco, o principal construtor de infra-estruturas para Internet, e a 500 para Terra Network, uma nova companhia que reúne as atividades na Internet da Telefonica espanhola.

Há poucos exemplos de febres especulativas desta importância, com uma força tal que de nada adiantaram as repetidas advertências das autoridades das Bolsas . Antes, é claro, da inevitável reversão e da baixa dos preços que sofrem, hoje, as Bolsas, e sobretudo o setor da "nova economia".

Existem, na história econômica, momentos comparáveis. É o caso, embora numa escala menor, da onda de especulação que agitou os valores ligados ao rádio, nos Estados Unidos nos anos 20, quando multiplicavam-se as estações de difusão. Mas é sobretudo o caso das duas ondas de especulação bursátil que atingiram, uma, a Grã-Bretanha no meio do século XIX, a outra os Estados Unidos na virada do século XX. Tratava-se, no primeiro exemplo, dos valores ligados às estradas de ferro, que se desenvolviam em um ritmo acelerado; no segundo, de companhias cujo nome incluía a palavra *motor*. Companhias que se precipitavam na aventura da aviação e sobretudo do automóvel. Estes exemplos são interessantes pelo que nos ensinam sobre as ondas especulativas. Como hoje, as correções de preço foram severas, com a crise de 1929 para os valores ligados ao rádio, uma crise bursátil maior, acompanhada de uma recessão, para os valores ligados às estradas de ferro, uma correção mais a longo prazo para as companhias do setor automobilístico: um século depois não restariam mais do que três destas ex-*start-up*, Ford, Chrysler e General Motors.

Mas é mais interessante ainda comparar o impacto das transformações que acompanharam estas viradas históricas, sobretudo as mais importantes: a criação de redes ferroviárias no meio do século XIX, o nascimento da indústria automobilística na virada do século XX e o aparecimento da "indústria da Internet" na virada do século XXI. Nestes três casos, a introdução destas tecnologias, como a onda de especulação bursátil, começa nas metrópoles do sistema-mundo e se difunde primeiro nas zonas mais desenvolvidas do planeta. Essas transformações, poderíamos dizer "estas revoluções", tocam os processos de produção, os setores de crescimento das economias dominantes, mas também os modos de vida das populações, e isto, em primeiro lugar, nos países mais desenvolvidos. As percepções do mundo são igualmente transformadas: as ferrovias, como a Internet, deveriam aproximar os indivíduos e uniformizar as preocupações. A organização das empresas e do trabalho é igualmente afetada: a indústria automobilística estava na base da generalização do taylorismo, e quanto à "nova economia", ela reforça as tendências à flexibilidade e à precariedade do emprego.

Este desvio pela especulação bursátil é apenas um dos fios da meada. Outros caminhos nos levariam a conclusões similares: o capitalismo está engajado em um novo ciclo, um novo modo de funcionamento, um novo "regime de acumulação", para retomar a fórmula de François Chesnais[2]. A amplitude da implementação de um tal regime é discutida. Para Robert Boyer[3], que reconhece que "as más regulações podem expulsar as boas"*, o "regime de crescimento puxado pela financeirização" só se impôs realmente nos Estados Unidos e na Grã-Bretanha. Aspecto importante para compreender a ascensão das mobilizações, a estabilidade de um tal regime não tem nada de evidente: tanto François Chesnais como Robert Boyer demonstram o inverso. Mas, nesta etapa, podemos nos restringir a esta afirmação geral.

Antes de tentar definir um pouco mais precisamente as características deste novo regime de acumulação, faremos um desvio pela história recente, analisando os momentos-chave em que se cristalizaram as políticas que permitiram e aceleraram estas evoluções. Antes, para compreender a amplitude desta virada, tentaremos ver o que é realmente questionado pela "mundialização do capital".

A combinação de dois ciclos

Quando abordamos o tema da mundialização no seu nível mais geral, encontramos dois grandes sistemas de explicação.

O tempo longo

A mundialização, como lembra Philippe Fremeux, tem hoje cinco séculos. É a história da expansão mundial do capitalismo, europeu na origem. "A dinâmica do capitalismo leva à abertura dos mercados. Uma abertura que não é linear e que pode se acelerar, estagnar, e até regredir, segundo as épocas. Mas a tendência está sempre presente."[4] O que não tira nada de sua pertinência,

---

[2] François Chesnais, *La Mondialisation du capital*, nova edição atualizada, Syros/Alternatives économiques, 1997 [Edição brasileira: *A mundialização do capital*, Xamã, São Paulo, 1996].

[3] Em *La Politique à l'ère de la mondialisation et de la finance* [*A política na era da mundialização e das finanças*], Robert Boyer, *L'année de la régulation*, vol. 3, La Découverte, 1999.

* Trata-se de uma referência a uma antiga "lei" econômica, do tempo em que circulavam moedas de prata ao lado das de ouro, a chamada "lei de Gresham", segundo a qual "a moeda má expulsa a boa". (N. T.)

[4] Phlippe Fremeux, *Sortir du Piège, la gauche face à la mondialisation*, Syros, 1998.

este é o sistema de explicação mais comum dos defensores da "mundialização feliz"[5] ou, ao menos, da "mundialização inevitável", dos que usam a mundialização como uma arma ideológica, jogando com os diversos sentidos deste "pseudoconceito, ao mesmo tempo descritivo e prescritivo"[6]. Ele permite, trançando diversas temáticas, sobretudo a da evolução das tecnologias, em particular das tecnologias da informação, afirmar o caráter natural e inelutável do processo de mundialização.

Levar em conta este ciclo longo apresenta, entretanto, dois interesses.

Permite medir os efeitos da irrupção do mercado no conjunto das atividades humanas. Se a abertura do mercado mundial passou por diversas fases, dentre as quais um longo período de contração do fim do século XIX ao meio do século XX, a "mercantilização" das diversas esferas da ação humana não sofreu nenhum recuo. Há apenas meio século, uma boa parte da atividade camponesa, tanto na França como nos outros países desenvolvidos, destinava-se ao consumo familiar. Hoje, é evidente que tudo passa pelo mercado. O choque foi ainda mais brutal para os numerosos países do Terceiro Mundo engajados nas revoluções agrícolas, verdes ou brancas, e em uma urbanização acelerada. Quando os modelos desenvolvimentistas ou socialistas perderam sua capacidade de atração, as buscas identitárias puderam aparecer como as únicas soluções. O islamismo radical se impôs em sociedades que estavam entre as mais desenvolvidas. "Um ponto de partida comum [à revolução iraniana e ao islamismo argelino] pode ser facilmente identificado: estas duas sociedades foram desestruturadas pela economia petrolífera e pela modernização, a do Xá e da revolução branca, para o Irã, a da industrialização forçada e da reforma agrária para a Argélia de Boumedienne", nota Remy Leveau[7]. Poderíamos fazer a mesma constatação para a Índia, confrontada ao ascenso do integrismo hindu.

---

[5] É o título de uma obra de Alain Minc, *La Mondialisation heureuse*, Pocket, 1998.
[6] Esta fórmula é utilizada por Pierre Bourdieu em *Les Structures sociales de l'économie*, Liber/Le Seuil, maio de 2000, e em *Contre-feux 2*, Éd. Raisons d'agir, 2001.
[7] Remy Leveau, na revista *Pouvoirs* [*Poderes*] nº 62, "L'Islam dans la cité", 1992.

Há aí um desafio maior para os movimentos engajados na luta contra a mundialização liberal. Os movimentos que acabam de ser citados, produtos da decomposição de estruturas sociais pré-capitalistas, são forças de resistência ao liberalismo econômico e ao poder das grandes potências ocidentais. Mas, ao mesmo tempo, são portadores de soluções reacionárias, como mostram, se houver necessidade disso, os vinte anos da revolução iraniana.

A emergência de uma alternativa ao neoliberalismo − alternativa que se constrói diretamente em âmbito mundial − pode ser a oportunidade para retomar os laços com as forças vivas destas sociedades, propondo a construção, juntos, de uma via que não seja nem de adaptação à mundialização liberal, nem de recuo para soluções reacionárias. Isto exigiria um esforço de abertura para sociedades e culturas que os militantes, freqüentemente originários dos países ocidentais, conhecem pouco. Mas o que está em jogo valeria a pena.

Uma interrogação mais angustiante é colocada por Immanuel Wallerstein[8]: a do fim do "sistema-mundo" estabelecido há cinco séculos. Para este autor, que considerava que os grandes choques das revoluções francesa e russa eram apenas bifurcações internas a um sistema-mundo então em plena expansão[9], a verdadeira virada data dos vinte últimos anos. De um lado, descreve as tendências profundas da melhoria da correlação de forças dos assalariados, devido primeiro à desruralização do mundo, ao aumento da pressão fiscal − produto da socialização do trabalho e da demanda, tanto dos assalariados como dos empresários −, mas também do ascenso das preocupações ambientalistas. Do outro lado, o enfraquecimento inexorável dos Estados, conseqüência do desencantamento crescente com relação ao liberalismo, levou a uma fragilização das empresas, inclusive das empresas multinacionais, que só podem viver e prosperar sob a proteção de Estados fortes.

---

[8] Immanuel Wallerstein, *L'Utopistique, ou les choix politiques du XXI° siècle*, Éditions de l'Aube, 2000.
[9] Ver, em particular, Immanuel Wallerstein, *L'Après-liberalisme*, Éditions de l'Aube, 1999.

A análise pode parecer espantosa na hora em que, por toda parte, patronatos e governos pressionam para a moderação salarial e para reduzir a pressão fiscal. Mas, vistos na escala planetária e com algum recuo, os elementos apresentados por Immanuel Wallerstein ganham credibilidade. Outro trunfo de sua análise, ela ajuda a compreender um dos enigmas da situação atual: a extrema instabilidade do mundo e de suas instituições; voltaremos a isto.

Um ciclo muito mais curto

A "mundialização liberal" é antes de tudo o questionamento do modelo produtivo do pós-guerra, dos anos 50 aos anos 70, quer o descrevamos pela expressão "fase expansiva da onda longa", como Ernest Mandel[10], na seqüência dos trabalhos de Nicolai Kondratiev[11], quer por "trinta [anos] gloriosos", como Robert Boyer e os teóricos da escola da regulação.

A mundialização é tratada aí como a série de medidas postas em prática tanto pelos chefes de empresas como pelos governos para tentar restaurar a rentabilidade do capital e "sair da crise" na qual o capitalismo entrou no meio dos anos 70. Voltaremos aos dois momentos-chave da implementação deste conjunto de políticas: a revolução conservadora, iniciada entre 1979 e 1982 por Ronald Reagan e Margareth Thatcher; e a virada de 1989 a 1991, entre a queda do Muro de Berlim e a guerra do Golfo, em que uma nova ordem mundial procurou se instaurar. Este sistema de explicação é o mais diretamente operacional. Permite compreender as lutas e as resistências das duas últimas décadas: por emprego, salários e rendimentos dos desempregados, ou em defesa do serviço público. De cada vez, tratou-se de reagir aos questionamentos e aos ataques dos governos e do patronato, questionamentos justificados pelas restrições externas: "mundialização"

---

[10] Ernest Mandel, *Le Trosième Âge du capitalisme*, 10/18, 1976 [Edição brasileira: *O capitalismo tardio*, Nova Cultural, São Paulo, 2ª ed., 1985].

[11] Nicolai Kondratiev, teórico russo que, entre 1922 e 1926, elaborou a teoria dos "ciclos longos" da economia mundial, ciclos de cerca de cinqüenta anos, que vêem se suceder fase expansiva e fase recessiva.

ou "Europa", vivida, neste último caso, como a reclusa de entrada na mundialização liberal.

Uma outra periodização
A periodização que propõe Pierre Dockès[12] para explicar as duas fases da mundialização é particularmente interessante. A primeira fase, no século XIX, se interrompe em 1880/1890, a segunda começa um século mais tarde. Uma de suas hipóteses é que a nova ordem produtiva "parece se fazer em duas etapas. Em uma primeira etapa, assistiríamos a uma rápida transformação da antiga ordem social e econômica... Ao cabo de um certo tempo, entretanto, o movimento de transformação é bloqueado pelo poder político. As forças sociais antigas ainda são, com efeito, demasiado poderosas para que o Estado possa se desinteressar delas, o movimento cria perigos demais para a ordem pública... Em uma segunda etapa, desenvolve-se uma nova ofensiva deste poder econômico, agora fortemente enraizado. Desta vez, o poder político acompanha esta ofensiva desmantelando as antigas instituições protetoras".

A implantação do senhorio feudal, no Ocidente cristão, ilustra esta hipótese: uma implementação rápida, na virada do ano mil, em favor do desmoronamento das estruturas estatais, depois uma fase de proteção dos camponeses pela Igreja, o movimento da Paz de Deus nos séculos XI e XII, depois uma segunda fase, decisiva, de subordinação do campesinato. O movimento dos fechamentos de campos, na Inglaterra do século XVI ao século XVIII, pode ser analisado com a mesma chave de leitura. Assim como a implementação de uma "renda de proteção para os indigentes", na aurora da revolução industrial. É aliás este mesmo exemplo, conhecido pelo nome de "lei de Speenhamland", que é retomado na obra de Karl Polanyi[13]. Assustados com a miséria camponesa produzida pelo movimento dos fechamentos e o começo da revolução industrial, os juízes de Berkshire, reunidos em 6 de maio de 1795 em Speenhamland, decidiram instituir uma

---
[12] Pierre Dockès, *Pouvoir et autorité en économie*, Économica, 1999.
[13] Karl Polanyi, *La Grande transformation*, 1944 [Edição brasileira: *A grande transformação*, Campus, São Paulo, 1980].

renda mínima para os pobres, renda diferencial que garantiria uma certa quantia a cada família. Este sistema, que deu resultados muito discutíveis, correspondia a uma situação em que "a sociedade se debatia entre duas tendências opostas; uma emanava do paternalismo e protegia o trabalho contra os perigos do sistema de mercado, e a outra organizava os elementos da produção, inclusive a terra, sob um sistema de mercado, despojando assim a gente comum do seu antigo *status*."[14] Trinta anos mais tarde, em 1834, este sistema foi abolido com o apoio dos poderes econômicos e políticos, eliminando assim qualquer entrave ao mercado de trabalho. Para Pierre Dockès, estas duas fases da instalação de uma nova ordem produtiva permitem compreender o século, de 1880 a 1980, em que a abertura dos mercados e a "mundialização" sofreram uma interrupção. Apoiando-se de novo nos trabalhos de Karl Polanyi, mostra como toda uma série de medidas que visavam proteger os assalariados e a limitar o poder dos grandes grupos industriais foram tomadas no fim do século na maior parte dos países industrializados: as leis antitrustes nos Estados Unidos, as medidas sociais de Bismarck, etc. Estas medidas, decididas no mais das vezes em reação à ascensão das reivindicações e das lutas operárias, foram implementadas paralelamente a um retorno ao protecionismo. O século pode assim ser lido como uma longa fase de estabilização, um parêntese na mundialização do capital que retorna hoje, com um vigor decuplicado e o apoio total dos poderes políticos.

A hipótese de Pierre Dockès propõe uma chave de explicações sociais e políticas de um aspecto importante, para o nosso propósito, da história econômica: este período de um século em que a mundialização dos intercâmbios sofreu um recuo importante. Permite, também, quanto à França, compreender a profundidade da ligação popular com o ideal igualitário do serviço público, e em particular da educação nacional, um ideal que tem suas raízes no compromisso social que fundou a III República, no fim do século XIX.

---

[14] Ibidem.

Todavia, o primeiro problema que esta análise coloca é o risco – por um achatamento das políticas deste "curto século XX" – de apagar as especificidades das conquistas sociais do pós-Segunda Guerra Mundial e das políticas econômicas dos anos 1950 a 1970. Anos excepcionais, tanto pelo crescimento da economia como pela amplitude das conquistas sociais. Se existem hoje questionamentos que atingem os compromissos sociais que foram constituídos no fim do século XIX, o essencial diz respeito às conquistas do pós-guerra: privatizações e estabelecimento da concorrência nos serviços públicos de rede, questionamento do sistema de proteção social, abandono das políticas econômicas keynesianas etc.

A hipótese proposta por Pierre Dockès coloca um outro problema. As analogias históricas levariam a considerar que a onda atual de mundialização liberal estaria dotada de uma energia impetuosa, "a nova ordem produtiva" que não enfrentaria mais obstáculos diante dela. Ora, isto não permite compreender nem a fragilidade e a instabilidade da nova ordem do mundo, nem a amplitude da onda de contestação que se desenvolve hoje[15].

Dois momentos-chave

A revolução conservadora de Ronald Reagan e Margareth Thatcher
O fim dos anos 70 é o momento em que são estabelecidos os elementos constitutivos do "novo regime de acumulação mundializada com dominância financeira", para retomar a fórmula empregada por François Chesnais[16].

Três atores vão desempenhar um papel essencial neste período de transição.

---

[15] Os amantes de analogias poderiam prosseguir as comparações: tanto os anos 1980 como os anos 1820 na Grã-Bretanha – os períodos que precederam as implementações destas "novas ordens" – foram "estranhamente tranqüilos", como escreveu, a propósito dos anos 1820, E. P. Thompson em *The Making of the English Working Class* [*A formação da classe operária inglesa*]. Mas o mesmo autor nota, a propósito destes anos, que "é quando tudo está calmo que os grãos germinam, os republicanos e os socialistas [os futuros cartistas] elaboravam suas doutrinas". Um "patamar" muito diferente da mudança de época que conhecemos em torno dos anos 80.

[16] François Chesnais, *La Mondialisation du capital*, op. cit.

Em primeiro lugar o patronato. A crise, trazida à luz do dia no momento do choque do petróleo, se manifesta antes por uma baixa importante da taxa de lucro. Muito cedo, e bem antes dos governos que continuaram, por sua parte, durante alguns anos ainda, a aplicar políticas de tipo keynesiano, o patronato se mobilizou. Corinne Gobin[17] lembra que, desde 1975, a UNICE, a organização patronal européia, lançou uma "cruzada ideológica" contra as políticas dos governos e da Comunidade Européia, e iniciou o conflito com o sindicalismo para impor a moderação salarial, a flexibilidade, a distribuição do tempo de trabalho e o trabalho em tempo parcial. Era o início de uma ofensiva que prosseguiu durante os anos 80 e 90, e que alcançou todos os terrenos: individualização e moderação dos salários, desenvolvimento da precariedade, questionamento do direito ao trabalho e da proteção social etc.

Em seguida, os meios financeiros

Nos anos 60 desenvolveu-se a primeiríssima etapa da mundialização financeira, com o ascenso dos eurodólares, cujo montante passou de 4,5 bilhões de dólares em 1960 a 160 bilhões em 1973. Estes vinham dos lucros não repatriados e não investidos das firmas transnacionais americanas. O fim dos anos 60 e o início dos anos 70 viram as primeiras ondas de especulação com moedas, a libra, depois o dólar, até a anulação, pelos Estados Unidos, em agosto de 1971, da paridade entre o dólar e o ouro que datava dos acordos de Bretton Woods, anulação que aceleraria ainda a especulação monetária. A partir de 1974 e da elevação dos preços do petróleo, os "petrodólares" serão reciclados nos empréstimos aos países do Terceiro Mundo, empréstimos que impulsionariam as exportações dos países desenvolvidos, permitindo-lhes, durante alguns anos, limitar os efeitos da crise, mas que vão logo – depois de 1980 e da expressiva alta das taxas de juros – constituir uma carga insuportável para os países em desenvolvimento.

---

[17] Corinne Gobin, "L'Europe syndicale au risque de la mondialisation", *Les Temps modernes*, nº 607, janeiro-fevereiro 2000.

A virada teve lugar entre 1979 e 1981 e permitiu o estabelecimento da "ditadura dos credores" que, "como toda ditadura, baseia-se numa forma de golpe de Estado"[18]. Trata-se da liberalização dos mercados de obrigações públicas e da "securitização" da dívida dos Estados, em primeiro lugar a dos Estados Unidos. Estas operações permitiram aos Estados da OCDE tomar empréstimos amplamente, deixando a dívida pública crescer, e asseguraram aos credores um rendimento confortável, assentado no aumento das taxas de juro. O peso da dívida pública e o nível das taxas garantirão, desde o fim dos anos 80, uma transferência maciça de riqueza para o capital rentista. Uma transferência que representará perto de 20% do orçamento dos Estados da OCDE, ou seja, entre 2% e 5% de seu PIB.

É o crescimento rápido do capital financeiro e o início da "ditadura dos rentistas". Como reconhecia Alain Minc, "o aparecimento, desde 1982, de taxas de juros positivas, isto é, superiores à inflação..., traz com ele uma revolução social. Antes, quem tinha, se empobrecia, e quem se endividava, enriquecia. Daí em diante, quem tem, se enriquece, e quem se endivida, se empobrece"[19]. Para os países do Terceiro Mundo, é o início da crise da dívida e de um ciclo que, muito depressa, inverterá o sentido dos fluxos financeiros; estes irão a partir de então do Sul para o Norte.

Enfim, terceiro ator: os poderes políticos.

Se, nos meses e anos que se seguiram imediatamente à crise do petróleo, os governos prosseguiram suas políticas anteriores, um giro foi realizado logo depois. Realizou-se em duas etapas.

Desde 1976-1977, Raymond Barre, na França, e Helmut Schmidt, na RFA, lançaram os primeiros planos de austeridade, tendo como política explícita a recuperação da taxa de lucro. É a época da famosa fórmula "os lucros de hoje são os empregos de amanhã", enunciada pelo chanceler alemão às vésperas da explosão do desemprego na Europa!

---

[18] François Chesnais, *La Mondialisation du capital*, op. cit.
[19] Alain Minc, *La Mondialisation heureuse*, op. cit.

A virada foi ainda mais brutal depois da eleição de Margareth Thatcher, em 1979, e de Ronald Reagan, em 1980. Tratou-se, então, do questionamento das conquistas que os assalariados tinham obtido nos anos 60 e 70 e da ruptura com o "fordismo", nome dado freqüentemente ao regime de acumulação implementado desde os anos 30 nos Estados Unidos sob a presidência de Franklin Roosevelt e, depois da guerra, no Japão e na Europa Ocidental. Esta revolução conservadora começou por um enfrentamento direto com o mundo do trabalho: demissão de grevistas do controle aéreo nos Estados Unidos, e intransigência total em face dos mineiros em greve na Grã-Bretanha. Prosseguiu com o questionamento da proteção social, a limitação dos direitos sindicais e, mais globalmente, com uma ofensiva conservadora tanto no plano interno – o retorno dos valores morais – como no plano internacional: apoio aos "*contras*" da Nicarágua, lançamento da "guerra nas estrelas" etc. Os exemplos americano e britânico foram seguidos, com maior ou menor brutalidade, por todos os governos ocidentais, com a França fechando desde 1983, com o lançamento por Jacques Delors do primeiro plano de austeridade, o parêntese aberto pela eleição de François Mitterrand em 1981.

Da queda do Muro de Berlim à guerra do Golfo
Se o impacto da "revolução conservadora" iniciada por Ronald Reagan e Margareth Thatcher é reconhecido por todos, o giro de 1989 a 1991 é objeto de apreciações mais contrastadas.

Assim, para François Chesnais, "as características do período que vivemos não datam de 1989 ou de 1991. Sua gênese se coloca dez anos antes, na virada dos anos 70-80"[20]. Apenas reconhece que "os acontecimentos de 1989-1991 vieram, evidentemente, acentuar as mudanças nas relações econômicas e políticas entre o capital e o trabalho"[21]. As razões de sua prudência são com-

---

[20] François Chesnais, *Le Trangle infernal, crise, mondialisation, financiarisation*, PUF/ Actuel Marx/Confrontation, 1999, obra organizada por Gérard Duménil e Dominique Lévy.
[21] François Chesnais em *Les Temps modernes*, nº 607, janeiro-fevereiro de 2000.

preensíveis: quer cortar pela raiz qualquer interpretação que consideraria a queda da União Soviética um retrocesso para o movimento operário. "A burocracia da URSS e dos países do Leste preparou a cama da restauração liberal antes de integrar-se a ela de corpo e alma"[22], ou "a queda do stalinismo contém os elementos de sua [do período neoliberal aberto no fim dos anos 70] superação progressista".

Podemos compreender as apreensões de François Chesnais lembrando que certas correntes da esquerda consideravam que a existência da União Soviética, apesar da burocracia, representava ainda uma conquista para o movimento operário internacional ou, ao menos, participava de uma estabilização positiva das relações internacionais. É o que exprime Eric J. Hobsbawm[23], que analisa justamente a instabilidade que se seguiu ao desaparecimento da URSS, mas com uma conotação muito negativa: "Se o desmoronamento do socialismo soviético e suas formidáveis conseqüências, em parte ainda não calculáveis, mas essencialmente negativas, foram o episódio mais dramático das décadas de crise, (...) A queda dos regimes comunistas (...) não apenas produziu uma imensa zona de incerteza política, de caos e de guerra civil: ela também destruiu o sistema internacional que estabilizava as relações internacionais".

Mas, para não incorrer neste erro, François Chesnais banaliza ao extremo um momento decisivo da evolução do mundo. Mesmo imaginando que a URSS e seus aliados eram apenas estátuas de sal, já petrificadas pelo impasse econômico, social e político a que seus regimes os tinham conduzido, sua simples existência bloqueava o jogo, imobilizava forças, e não permitia aos dirigentes ocidentais, e em primeiro lugar aos norte-americanos, tomar consciência de que estavam sozinhos nos comandos do império.

A importância desta segunda virada se verifica em vários domínios. No plano das políticas econômicas, é o começo do

---

[22] François Chesnais, op. cit.
[23] Eric J. Hobsbawm, *L'Âge des extrêmes. Histoire du court XXe siècle*, Complexe, 1999 [Edição brasileira: *Era dos extremos. O breve século XX, 1914-1991*. Companhia das Letras, 1996], e *Le Monde diplomatique*, 2000.

desendividamento dos Estados, tornado mais fácil, em primeiro lugar nos Estados Unidos, pela baixa dos orçamentos militares depois da queda da URSS[24]. É o ponto de partida de uma reconquista de hegemonia, inclusive no plano econômico, pelos Estados Unidos, tendo como corolário uma primazia do capitalismo anglo-saxão e de suas regras específicas. É também a tentativa de implementar no nível internacional, uma nova ordem institucional, com seu *modus operandi*: o consenso de Washington. É, enfim, uma nova distribuição de cartas, nas correlações de forças internacionais, que transforma radicalmente as condições de ação dos movimentos sociais, no plano internacional e sobretudo na cena mundial.

---

[24] O orçamento militar norte-americano voltou a crescer a partir de 1996. Ver Claude Serfati em *Les Temps modernes*, nº 607.

2
A reorganização do mundo a partir da guerra do Golfo

A reorganização do mundo

"Segundo Zama, ainda repugnava aos velhos senadores romanos reconhecer o destino da cidade. A desordem, em uma Grécia demasiado próxima para que fosse tolerável, os constrangeu *nolens volens* a ampliar o horizonte aberto pela vitória sobre Cartago. Embarcaram. O Império estava em marcha."[1]

Se a queda do Muro e o desmoronamento dos regimes da Europa do Leste marcam, evidentemente, o fim da guerra fria e do quadro planetário que decorria desta confrontação, a reorganização do mundo aparecia, no fim dos anos 80, como um canteiro aberto. As esperanças dos militantes democratas da Europa do Leste, que sonhavam com uma terceira via, ou com um socialismo autogestionário, se desvaneceram muito rapidamente diante da sede de consumo de uma população anestesiada por quarenta anos de socialismo burocrático e, no caso da RDA, diante de uma unificação alemã que se realizava sob a égide da RFA. A visão de um mundo multipolar durou mais tempo. O desmembramento da União Soviética fazia eco ao "declínio americano". A reunificação alemã e depois o avanço da moeda única eram o sinal da ascen-

---

[1] Lucien Poirier, *La Guerre du Golfe dans la généalogie de la stratégie*, outubro de 1991, *Stratégie théorique III*, Économica/ISC, Paris, 1996.

são da União Européia. O Japão estava no apogeu de sua expansão econômica, e o êxito dos "dragões" asiáticos — Cingapura, Hong-Kong, Coréia do Sul e Taiwan — permitia a numerosos comentadores diagnosticar um deslocamento para o Pacífico do centro de gravidade do mundo.

A guerra do Golfo marca o fim das ilusões nas possibilidades de um mundo multipolar. Este conflito desvela a realidade das correlações de forças que não podem se resumir às taxas de crescimento do PIB: "Nenhuma potência [além dos Estados Unidos] pode pretender rivalizar nos quatro domínios-chave — militar, econômico, tecnológico e cultural — que fazem uma potência global."[2] Ele dará sentido às decisões norte-americanas passadas: "A liberdade de ação, provada pela guerra do Golfo, não teria podido ser recuperada sem o equivalente de uma vitória sobre a União Soviética, e esta vitória sem o equivalente de uma estratégia. Retrospectivamente e tendo em vista seus resultados, uma prática empírica reencontra assim uma coerência que dissimulava o desenvolvimento caótico de suas operações."[3] Mas, sobretudo, este conflito permitirá um retorno explícito da potência norte-americana e a exploração desta revelação na conduta prática dos negócios, tanto políticos como econômicos, do mundo.

As coisas não andarão devagar. Os Estados do Golfo pagarão a fatura da guerra, com a ajuda do Japão, e assinarão com os Estados Unidos uma série de tratados de segurança que colocarão a zona, reserva de petróleo mundial, sob protetorado americano. Além disto, os Estados Unidos utilizarão sua liderança militar e política para reativar sua economia. A indústria armamentista foi, logicamente, o primeiro beneficiário, com as monarquias petrolíferas se equipando imediatamente de materiais *made in US*. Paralelamente, as pressões começaram pela abertura dos mercados nos setores em que a economia norte-americana podia ser exportadora: a agricultura e, sobretudo, todas as indústrias relacionadas com a "sociedade da informação".

---

[2] Zbigniew Brzezinski, *Le Grand Échiquier*, trad. francesa Bayard, outubro de 1997.
[3] Lucien Poirier, *La Guerre du Golfe dans la généalogie de la stratégie*, op. cit.

O exemplo deste setor econômico é instrutivo.

O próprio conceito foi uma pura criação ideológica, de que um dos objetivos foi o de facilitar as exportações norte-americanas. Sob este rótulo, três dos setores-chave da economia dos Estados Unidos, as telecomunicações, a indústria informática e o audiovisual – televisão e cinema incluídos – foram mobilizados atrás do ideal de uma nova era para a humanidade, ideal cuja implementação deveria começar pelas privatizações e pela abertura dos mercados!

Uma reunião excepcional do G-7, unicamente com este assunto, foi realizada em Bruxelas em janeiro de 1995, e todos, começando pelos países mais ricos, alinharam-se com as aspirações dos Estados Unidos.

O setor de telecomunicações foi aberto à concorrência total na União Européia desde 1997, ao mesmo tempo em que as operadoras públicas eram privatizadas; o Japão seguiu, mantendo um certo número de medidas de proteção, e o planeta inteiro foi atrás, com as recomendações do FMI se encarregando de convencer os recalcitrantes, as telecomunicações fazendo parte das empresas cuja privatização era "recomendada". Em 1997, o processo chegava, no quadro da OMC, a um acordo pela abertura dos mercados e dos investimentos.

Pressões comparáveis ocorreram no setor audiovisual. O fracasso da assembléia geral da OMC em Seattle congelou o processo de abertura geral dos mercados, mas os países que, como a França, mantêm a ajuda à criação cinematográfica, estão hoje muito isolados.

Quanto à indústria de informática, e sobretudo a indústria de programas para computadores, de longe a mais rentável, ela já está sob o controle quase exclusivo das firmas norte-americanas.

Dez anos mais tarde, fala-se agora de "nova economia", mas as telecomunicações, a indústria da informática e, numa menor medida, a audiovisual, estão na base de companhias do setor Internet e, sobretudo, da fase de expansão particularmente longa que o capitalismo dos Estados Unidos conheceu.

Outras razões permitem explicar os dez anos de crescimento da economia norte-americana depois da guerra do Golfo: inversão do ciclo depois da depressão de 1990-1992, adequação do capitalismo anglo-saxão à ascensão do capital financeiro etc. Entre estas, não devemos subestimar o impacto da afirmação espetacular da supremacia militar e política dos Estados Unidos. A coincidência, num mundo em plena mutação, da predominância exclusiva da superpotência dos Estados Unidos e da insolente saúde de sua economia produzirá conseqüências em cascata.

A primeira — voltaremos a ela — será a de acelerar a implementação da nova ordem produtiva, do novo ciclo de acumulação com dominância financeira: por causa da pressão do capital financeiro sobre todas as esferas da economia mundial, mas também pela vantagem competitiva do capitalismo "anglo-saxão" sobre seus principais concorrentes, o alemão e o japonês, em recessão durante a década de 1990.

As outras conseqüências dirão respeito à organização do mundo. Todas as decisões importantes, no plano internacional, deverão passar pelo acordo de Washington. E veremos o papel e o lugar das diversas instituições internacionais modificar-se de modo importante nos anos 90.

O novo lugar das instituições internacionais

Bretton Woods

Desde seu nascimento, em julho de 1944, as instituições de Bretton Woods são marcadas por uma lógica de correlação de forças[4].

Keynes, que participava das negociações pela Grã-Bretanha, defendia um sistema adequado ao seu país — os britânicos, prevendo desequilíbrios de pagamentos, inevitáveis no pós-guerra, não queriam a conversibilidade da libra — mas que, na sua concepção, ia muito além. Tratava-se de criar, de fato, um banco central mundial, que garantiria as compensações e os pagamentos entre bancos centrais nacionais, com o conjunto munido de mecanismos de alerta e de controle em caso de ultrapassagem de

---

[4] Sobre a Conferência de Bretton Woods e os debates que a precederam, ver Michel Aglietta e Sandra Moatti, *Le FMI, de l'ordre monétaire aux désordres financiers*, Économica, maio de 2000.

crédito. Este estágio superior do sistema financeiro internacional, que teria tido a possibilidade de emitir um equivalente monetário, uma "unidade de conta internacional", deveria garantir o mundo contra as tendências deflacionistas.

Os Estados Unidos, representados por Morgenthau, secretário de Estado do Tesouro, que se inspirava em um relatório redigido por Harry White, defendiam uma lógica muito diferente, a que finalmente se impôs em Bretton Woods. O controle dos mercados cambiais deveria ser progressivamente abolido, para evitar desvalorizações competitivas e permitir a exportação de capitais norte-americanos, e estava excluída a criação de um equivalente monetário internacional colocado sob uma autoridade multilateral. A moeda de referência só poderia ser o dólar, e se era preciso criar instituições internacionais, seu papel deveria ser limitado. Opostos a qualquer idéia de um banco central mundial, os norte-americanos defendiam a criação de um banco internacional para a reconstrução e o desenvolvimento, encarregado de recolher os fundos necessários às reconstruções do pós-guerra – o futuro Banco Mundial –, e de um fundo internacional encarregado de estabilizar o mercado cambial – o futuro FMI. A sede destas duas instituições deveria estar em Washington, o mais perto possível do Tesouro dos Estados Unidos.

A abertura do comércio mundial[5] fará ressurgir, durante o curto período do pós-guerra, a contradição entre hegemonia norte-americana e instituição multilateral, mas numa configuração diferente da de Bretton Woods. Franklin Roosevelt, em fevereiro de 1945, propôs a instalação de uma organização específica encarregada do comércio. Esta proposta tomou forma no quadro da ONU, que acabava de ser criada, e levou, em março de 1948, à Conferência de Havana, que decidiu a implementação de uma "Organização Internacional do Comércio", ligada à ONU. Mas o Congresso dos Estados Unidos recusou-se a ratificar um acordo que limitava a soberania norte-americana, recusa que se

---

[5] Sobre a questão dos tratados comerciais, do GATT à OMC, ver Michel Rainelli, *L'Organisation mondiale du commerce*, coleção "Repères", La Découverte, reedição em março de 1999.

tornava mais firme com o começo da guerra fria. A liberalização do comércio ficou portanto sob o domínio do GATT (General Agreement on Tariffs and Trade), ou acordo geral sobre as tarifas alfandegárias e o comércio, que era apenas uma instância de negociações entre nações.

Na prática, desde 1948, o equilíbrio do mundo se fez a partir da confrontação entre dois blocos, com a ONU mantendo apenas, no essencial, uma função de tribuna, utilizada sobretudo pelos países do Terceiro Mundo.

O FMI, o Banco Mundial e o GATT só tinham autoridade na esfera de influência ocidental, na qual se integravam majoritariamente os novos Estados saídos do movimento de descolonização dos anos 60. Dois acontecimentos vieram mudar sensivelmente o quadro estabelecido no pós-guerra: a denúncia, pelos Estados Unidos, da paridade ouro/dólar em 1971, que conduzirá a um processo especulativo com as moedas; e a criação, pouco tempo depois, por proposta francesa, do "G-5", a cúpula das cinco grandes potências ocidentais (Estados Unidos, Japão, Alemanha, Grã-Bretanha e França), encarregada de lutar contra a instabilidade monetária, G-5 que se transformará em G-7 com a chegada da Itália e do Canadá.

Instituições cujo papel muda nos anos 90

O desmoronamento da União Soviética e de seus aliados e a conversão da China às virtudes do mercado vão modificar radicalmente a situação, o que terá como efeito alterar o equilíbrio das instituições internacionais.

O papel do FMI aumentara, durante a última década, devido ao ascenso da especulação e à instabilidade financeira, as recomendações do Fundo, os tristemente famosos "planos de ajuste estrutural", impondo-se a todos os países solicitantes de créditos ou de um plano de redução de sua dívida. A integração dos países da Europa do Leste ao FMI e ao Banco Mundial, tanto mais rápida – desde 1992 para os países da ex-URSS – quanto eles tinham uma necessidade urgente de créditos, reforçou igualmente estas instituições.

No terreno do comércio, a criação da OMC, substituindo o GATT em 1º de janeiro de 1995, teve conseqüências consideráveis. Tornou-se uma verdadeira organização internacional, dotada de poder de sanção, e de mandatos precisos: diminuir as tarifas alfandegárias e favorecer a abertura dos mercados.

A OMC, como o FMI e, numa menor medida, o Banco Mundial, viram portanto seu peso crescer com a redução do campo de atuação da ONU. Países como os Estados Unidos e a Grã-Bretanha, considerando que as questões econômicas eram demasiado sérias para serem discutidas em um quadro, a ONU, em que cada Estado tem o peso de um voto, remeteram todos os dossiês econômicos e sociais ao FMI e à OMC. Estruturas sob o controle dos países industrializados, diretamente, no caso do FMI, ou indiretamente, no caso da OMC.

Outra instituição que verá seu papel crescer: o G-7. Esta estrutura, sem estatuto nem mandato formalmente determinado, vai ampliar suas competências. Luta contra o terrorismo ou o tráfico de drogas, promoção de novas tecnologias, ou discussões da redução da dívida dos países mais pobres, não há assuntos que sejam considerados "fora de seu domínio" pelos sete grandes.

Vemos então se desenhar um quadro em que as instituições internacionais têm um papel muito diferente daquele que tinha sido imaginado, em torno da ONU, pelos vencedores da última guerra. O G-7 desempenha o papel de garantidor dos negócios do mundo, o FMI impõe sua orientação liberal a um número crescente de países, inclusive países membros da OCDE como a Coréia do Sul, e a OMC é o quadro em que se organiza a "mercantilização do mundo"!

Seria entretanto errado acreditar que esta reorganização do papel das instituições seja fruto de uma combinação internacional ou mesmo de um projeto estratégico de conjunto assumido pela única potência dominante, os Estados Unidos. Algumas facetas desta reorganização correspondem a uma vontade norte-americana: a relativização do papel da ONU, ou a importância dada ao G-7[6]. Mas estamos longe de uma visão global. Existe

---

[6] Para Zbigniew Brzezinski, o G-7 é o único quadro suscetível de oferecer à Rússia e à China sua integração entre os grandes. *Le Grand Échiquier*, trad. francesa, Bayard, outubro de 1997.

uma orientação precisa, quanto à política econômica a seguir. Ela é resumida nos preceitos do "consenso de Washington", os quais têm sido objeto de críticas, mas continuam a ser aplicados. Todavia, o quadro institucional que poderia conduzir e dar base a uma tal política está em crise, em redefinição permanente.

As dificuldades encontradas pelos Estados Unidos para exercer sua dominação
A razão de fundo é fácil de identificar: se não existe mais, hoje, senão uma única potência global, os Estados Unidos, estes não conseguem definir um quadro estável que lhes permita exercer sua dominação.

As dificuldades apareceram desde o primeiro dia: no fim de uma Primeira Guerra Mundial que via os Estados Unidos tomar a liderança do mundo, quando Wilson foi incapaz de fazer avalizar pelo Congresso a adesão à Sociedade das Nações[7]. Voltaram a exprimir-se, como vimos na questão da Organização Mundial do Comércio, no curto lapso de tempo que separou a vitória dos Aliados e o início da guerra fria. Expressam-se hoje em termos comparáveis, com a volta de forma recorrente do debate entre quadro multinacional e soberania norte-americana. Este debate esteve no coração dos enfrentamentos na criação da OMC, de que os norte-americanos não eram os mais firmes defensores, continuou a propósito do FMI, de que os Estados Unidos queriam limitar os poderes, e é permanente a propósito da ONU.

É verdade que se trata, mais além das especificidades da cultura política norte-americana, de um caso completamente novo.

Os impérios clássicos, de Roma ao Império Britânico, eram governados de forma direta, com o controle dos territórios. O mundo de Yalta era gerido por delegação. Os Estados Unidos e a União

---

[7] Woodrow Wilson, presidente democrata eleito em 1916, participou da Conferência de Paris, em que foi colocado na pauta o Tratado de Versalhes. Defendeu aí a criação da Sociedade das Nações, mas não conseguiu fazer ratificar o tratado pelo Congresso. O debate se referia ao artigo X do pacto da Sociedade das Nações, que dizia "os membros... comprometem-se a garantir a integridade territorial... de todos os membros da liga". Este engajamento automático dos Estados Unidos no apoio a um outro Estado-membro era inaceitável para a maioria do Congresso.

Soviética falavam em nome de seus blocos, mas evitavam cuidadosamente ampliar a mesa de negociações para seus aliados, os interesses dos Estados Unidos e os do mundo livre sendo considerados coincidentes. Nos dois casos, a metrópole decidia, sozinha, as prioridades, a destinação dos recursos e a assunção dos riscos, para ela e para o conjunto de seu império.

Hoje, os Estados Unidos gostariam de poder continuar a decidir sozinhos, com soberania total, todas as questões que lhes dizem respeito, mas que interessam também ao resto do mundo. É o que fazem na prática, utilizando pragmaticamente os instrumentos mais adequados ao favorecimento de seus interesses do momento: a ONU para a guerra do Golfo, a OTAN para o Kosovo e a intervenção direta no Panamá ou nos bombardeios da Líbia. É o que mostrou Zbigniew Brzezinski: "Rompendo com o modelo usual dos impérios do passado, estruturados segundo uma hierarquia piramidal, este sistema [que inclui o FMI e o Banco Mundial] vasto e complexo apóia-se numa rede planetária no centro da qual se encontra a América. Seu poder se exerce pelo diálogo, a negociação permanente e a busca de um consenso formal, mesmo se, em última análise, a decisão emana de uma fonte única: Washington DC".[8]

Mas o diálogo e a busca do consenso não bastam para assegurar a legitimidade do poder.

Nos modelos anteriores, o quadro e a legitimidade eram dados pela apropriação dos territórios ou pelo medo do outro, este inimigo cuja existência mesma servia de justificação ao império. Esta ausência de legitimidade "natural" está na base das contradições da política norte-americana. Reencontramos hoje a mesma dificuldade com que Wilson se debateu: a metrópole está pronta a aceitar um quadro multinacional, única garantia de uma legitimidade suficientemente "estável", que se imporia a ela? Zbigniew Brzezinski tem visivelmente consciência do problema, quando reconhece "que, a longo prazo, a política global está destinada a se tornar cada vez menos propícia à concentração de um poder hegemônico nas mãos de um único Estado" e que será necessário portanto ir na direção de "um órgão central

---
[8] Zbigniew Brzezinski, op. cit.

de responsabilidade partilhada, para uma gestão pacífica dos negócios internacionais". Mas isto é para o longo prazo. Hoje, é preciso "manter a posição dominante da América durante pelo menos uma geração ainda".[9] Certos autores temem ver reaparecer soluções fundadas nas receitas do passado. Não estando na ordem do dia a volta do colonialismo, na sua versão do século XIX[10], o risco seria da volta a uma nova forma de guerra fria, pela criminalização de Estados, os "Estados delinqüentes"[11], ou até da Rússia ou da China, o que permitiria o retorno a uma dominação por delegação. É a tese de Gilbert Achcar, que estudou os debates que opuseram os conselheiros da Casa Branca na questão da ampliação da OTAN antes da intervenção no Kosovo, e o detalhe do orçamento militar dos Estados Unidos: "O mundo parece deslizar inexoravelmente para uma nova versão da configuração estratégica da fase inicial da guerra fria".[12]

Esta não parece ser a opção atual da administração norte-americana. De um lado, as teses, focalizadas na Europa, de Zbigniew Brzezinski, que defende uma política cínica de equilíbrio de forças fundada nas velhas técnicas de "dividir para reinar" e que pensa ser possível assegurar a hegemonia norte-americana no médio prazo. Do outro, as de Henry Kissinger[13], que considera que se "a América tem uma preponderância maior do que há dez anos, ...o poder tornou-se mais difuso" e, portanto, "a capacidade da América de moldar o mundo está atualmente em declínio". Henry Kissinger, cujo modelo de equilíbrio é o das polí-

---

[9] Ibidem.

[10] Entretanto, levantaram-se vozes para pedir, para a África, uma nova Conferência de Berlim, que permitiria protetorados e partilha.

[11] A noção de *Rogue States*, Estados bandidos ou Estados delinqüentes, está sempre presente no discurso da administração norte-americana. Trata-se de Estados que os Estados Unidos consideram ameaça à comunidade internacional, freqüentemente porque possuem armas de destruição maciça: Iraque e Coréia do Norte, mas também Irã ou Líbia.

[12] Gilbert Achcar, *La Nouvelle guerre froide* [Edição brasileira: *A nova guerra fria*, no prelo pela Xamã], co-edição Actuel Marx, Confrontation, PUF, novembro de 1999.

[13] Henry Kissinger, *Diplomacy*, Touchstone, Nova York, 1994.

ticas externas européias depois do Congresso de Viena, defende portanto uma política de alianças mais estável, passando por um acordo com a Federação Russa. Mas nada, nestas grandes opções, indica a volta à guerra fria. O que é certo, em revanche, é a continuidade das tensões entre os Estados Unidos e a instituições internacionais. As conseqüências disto são evidentes: a fragilidade e a instabilidade destas instituições, assim como o risco de verem-se ampliar os problemas com os aliados, como foi possível constatar em Seattle, na assembléia geral da OMC. A existência destas tensões não significa que as divergências quanto às políticas econômicas estejam cristalizadas. Ao contrário, uma orientação comum liga os governos dos grandes países e os das instituições internacionais, orientação conhecida pelo nome de "consenso de Washington".

O consenso de Washington

Em 1989, John Williamson, hoje economista-chefe no Banco Mundial, definia os dez elementos de política econômica considerados decisivos tanto pelas autoridades econômicas e monetárias americanas quanto pelos dirigentes das instituições financeiras internacionais sediadas em Washington: o FMI e o Banco Mundial. Dez anos mais tarde, o *Financial Times* precisava que estes mecanismos eram "a marca da ortodoxia oficial do FMI e da maioria dos países do G-7, atrás dos Estados Unidos... no coração da qual a ênfase é colocada na importância da estabilidade macroeconômica e na integração na economia internacional".[14] Este primeiro nível da reforma econômica, aplicado no mundo inteiro, é conhecido pelo nome de "consenso de Washington". Eis seus elementos:

• limitar o déficit orçamentário (rompendo com a prática da administração Reagan);

• dar prioridade, nas despesas do Estado, à construção da infra-estrutura e a tudo que garante retorno econômico – saúde,

---

[14] *Financial Times*, 25 de novembro de 1999, referências publicadas em "New leaf or fig leaf? The challenge of the new Washington consensus", artigo de Brendan Martin, Bretton Woods Project & Public Service International.

educação – mais do que aos gastos administrativos ou aos diversos subsídios (em numerosos países do Terceiro Mundo, o Estado intervém financeiramente para facilitar o acesso aos produtos básicos, trigo, açúcar etc.);
• reformar o sistema tributário, ampliando a base (o número) dos contribuintes e diminuindo as alíquotas mais altas;
• liberalizar os mercados financeiros;
• aumentar o nível das trocas, favorecendo as exportações;
• liberalizar o comércio, fixando o objetivo de baixar as taxas alfandegárias aproximadamente 10% a cada dez anos;
• favorecer o investimento estrangeiro, garantindo a igualdade de direitos com os investidores domésticos;
• privatizar as empresas estatais;
• favorecer a "desregulação" e a introdução da concorrência nos diversos setores da economia;
• garantir o direito de propriedade, inclusive no setor informal (no caso do Terceiro Mundo).

Parece que ouvimos um *pout pourri* dos programas dos governos que se sucederam nestes dez últimos anos! E a França não é a única a aplicar tal programa, ainda que ela o tenha feito com um zelo reconhecido pela comunidade econômica internacional. Esta é a Bíblia da União Européia: os famosos "critérios de Maastricht", a introdução da concorrência na maior parte dos serviços públicos etc. são igualmente as regras cuja aplicação o FMI exige na implementação dos "planos de ajuste estrutural" que se seguem às crises financeiras.

Sinal dos tempos, o consenso de Washington está posto em questão hoje, tanto pelas críticas externas – as dos milhares de manifestantes dos países vítimas dos planos de ajuste estrutural ou as de Seattle, Washington e Praga – quanto pelas críticas internas.

A crítica interna mais notada talvez tenha sido a de Joseph Stiglitz, antigo vice-presidente do Banco Mundial, levado a se demitir em 1999. Joseph Stiglitz afirmou que "o consenso de Washington levava a considerar que as privatizações e a liberalização dos mercados eram fins em si mesmos, mais do que meios para um desenvolvimento sustentável, eqüitativo e democrático".¹⁵ Citou três exemplos em apoio de sua tese. O fracasso da introdução rápida do mercado nos países da Europa do Leste, o crescimento das desigualdades e o aparecimento de uma "sociedade dual" nos países que aplicaram os preceitos do consenso de Washington, e o balanço do "milagre do leste asiático", produzido graças a métodos diferentes dos pregados pelos especialistas de Washington. Mas se a crítica foi pertinente, as propostas alternativas mostram os limites da ruptura com o credo neoliberal. Para Joseph Stiglitz, seria preciso introduzir reformas estruturais paralelamente à liberalização, como instâncias de regulação, nos países da Europa do Leste; seriam necessárias medidas de redistribuição social e, sobretudo, seria necessário garantir a existência de um certo consenso nos países que aplicam os planos de ajuste. Enquanto muitos especialistas do FMI pensavam ser preciso começar pela purga antes de esperar um desenvolvimento eqüitativo, Joseph Stiglitz afirmava, por seu lado, como nota Brendan Martin, "que [seria preciso] desenvolver um quadro institucional e político que permitisse integrar a globalização nos processos políticos e sociais dos países do Terceiro Mundo".¹⁶ Uma posição não muito diferente da de James Wolfensohn, atual presidente do Banco Mundial, quando este diz, a propósito das regras do consenso de Washington: "Elas eram sem dúvida necessárias na época. Mas o ambiente mudou. O número de democracias aumentou, as ONGs ganharam amplitude. O setor privado tornou-se um ator incontornável: ele investiu 300 bilhões de dólares por ano no mundo em desenvolvimento, dez vezes mais do que em 1990! Ao mesmo tempo, a ajuda pública ao desenvolvimento passou, por seu lado, de 60 a 50 bilhões...".¹⁷

As palavras utilizadas por James Wolfensohn não estão aí por acaso. Democracia, ONG, setor privado, eis os eixos de uma

---

¹⁵ Joseph Stiglitz, "Participation and development: Perspectives from the comprehensive development paradigme", conferência em Seul, em 27 de fevereiro de 1999.
¹⁶ Brendan Martin, "New leaf or fig leaf? The challenge of the new Washington consensus", op. cit.
¹⁷ Entrevista de James Wolfensohn em *Libération*, 10 de julho, 2000.

recentragem – muito limitada – da política das instituições financeiras internacionais. De um lado, apóiam-se na "sociedade civil", associando todos os que o desejam a esferas de debates e de negociação; do outro, confiam, mais ainda do que antes, nas forças do mercado e no setor privado. Uma política que é seguida também na ONU, onde seu secretário-geral, Kofi Annan, acaba de criar "Global Compact", uma estrutura comum às multinacionais e às ONGs, que é simbólica desta dupla abertura. Os números citados por James Wolfensohn estão aí para apoiar a demonstração: os Estados diminuem sua ajuda e os investimentos diretos saídos do setor privado explodem, mesmo se James Wolfensohn se esquece de dizer que eles se concentram em uma quinzena de países, China, Coréia, México etc., e abandonam o essencial dos países pobres. O crescimento das críticas e o peso adquirido pelos investimentos privados alimentam divergências entre os grandes países quanto ao futuro das instituições financeiras internacionais. O Japão, grande exportador de capitais, propôs, com o apoio de outros países asiáticos, a implementação de um "fundo monetário asiático". Esta proposta foi firmemente rejeitada pelos norte-americanos, que querem manter o controle das instituições financeiras internacionais. Por seu lado, as autoridades norte-americanas, apoiando-se no Relatório Meltzer, publicado em março de 2000, a partir de uma solicitação do Congresso dos Estados Unidos, pedem que as intervenções do FMI se limitem a aportes de liquidez de curto prazo. A tendência vai claramente no sentido de uma maior implicação do setor privado. Yilmaz Akyüz, economista-chefe da UNCTAD, chega a prognosticar que a função principal do FMI tornar-se-á progressivamente a de uma superagência de *rating*[18], dando notas aos países para permitir aos gestores de fundos fixar as taxas de juros para empréstimos urgentes![19]

A política neoliberal, tal como resumida no consenso de Washington, está em crise. Mas, no essencial, continua a ser aplica-

---

[18] *Rating*: "classificação". As agências de *rating* dão notas à confiabilidade das empresas e determinam assim a taxa de juros dos empréstimos que podem obter.

[19] Durante uma conferência organizada por "ManiTese", em Florença, em 18 e 19 de março de 2000.

da: as críticas e propostas que acabamos de citar não representam realmente uma verdadeira mudança de orientação.

As críticas externas se reforçam ao mesmo tempo em que se constroem as mobilizações de massa e os movimentos de crítica à mundialização liberal. Mas estes movimentos estão apenas emergindo, e as alternativas são, hoje, apenas parciais.

As críticas internas ao sistema se exprimem cada dia com mais força, mas não têm paradigma alternativo. Não têm nada de comparável ao que as idéias de Keynes representaram, em meados do século vinte.

O consenso de Washington, na sua versão *new look*, continua a fazer a lei. Mas ele a faz por *default*, já tendo perdido o coração!

3
A mundialização do capital, uma revolução global

Um novo regime de acumulação

Não se trata aqui, evidentemente, de uma análise deste novo regime de acumulação, que François Chesnais[1] reconhece estar por fazer. De maneira mais limitada, tratar-se-á de resumir alguns elementos que podem ajudar à compreensão do processo atual de transformação do capitalismo e, sobretudo, de apresentar problemas que têm incidência nos debates dos movimentos sociais. É o caso das discussões sobre a estabilidade deste novo regime de acumulação, incluindo a questão das regulações internacionais; sobre sua extensão aos países que, como a Alemanha e o Japão, haviam desenvolvido formas inteiramente específicas de capitalismo nos anos 50 a 70; e, enfim, sobre os laços entre o capital financeiro e as multinacionais.

"O termo 'regime de acumulação com dominação financeira' designa um modo de funcionamento do capitalismo marcado por dois fenômenos. O primeiro é o reaparecimento maciço, ao lado do salário e do lucro, e impondo-se a eles, de rendimentos da propriedade de obrigações e de ações. O segundo é o papel desempenhado pelos mercados financeiros na determinação das

---

[1] François Chesnais, *La Mondialisation du capital*, op. cit.

principais grandezas macroeconômicas (consumo, investimento e emprego). O papel 'regulador' das finanças se exerce de múltiplas maneiras: pela fixação das taxas de juros; pela determinação da parte dos lucros que é deixada aos grupos para investir, sem o temor de sofrer a sanção dos acionistas ou de dar aos rivais os meios de lançar ofertas públicas de compra; pela força dos mecanismos que faz pesar sobre os governos para impedi-los de sustentar a taxa de investimento e para levá-los a privatizar e a desregular."[2]

É necessário completar esta definição básica com a lembrança do caráter hierarquizado do sistema. Hierarquia entre regiões do mundo e países: os países desenvolvidos vêem seu domínio ser reforçado, diante de um Terceiro Mundo marginalizado, com exceção de um pequeno grupo de "países emergentes" e, no seu interior, os Estados Unidos reforçam seu predomínio, por seu peso próprio e por sua influência sobre as instituições internacionais. Hierarquia entre esferas financeiras: o sistema financeiro mundial domina os sistemas financeiros nacionais, sem integrá-los completamente.

É preciso lembrar igualmente o caráter global do sistema. Isto é verdadeiro por suas origens – as viradas mais importantes, como vimos, tiveram freqüentemente origem em decisões governamentais ou na transformação das correlações de forças políticas. Mas também por seus corolários, a reorganização das empresas e a da organização do trabalho e das formas de emprego, como veremos.

A estabilidade deste novo regime de acumulação

Fazer uma avaliação da situação econômica

A discussão sobre a estabilidade do regime de acumulação é uma questão importante, pois determina muitas coisas para os movimentos sociais. Um regime "estável" não é sinônimo de ausência de lutas ou de conflitos, mas implica uma maior linearidade no seu desenvolvimento.

---

[2] François Chesnais, *Les Temps modernes*, nº 607, op. cit.

É preciso, em primeiro lugar, fazer uma avaliação da situação econômica, para além dos azares da conjuntura. Trata-se de saber se, mais além das coincidências de datas, nós entramos em uma fase expansiva de um ciclo do tipo "Kondratiev", que seguiria o ciclo recessivo em que entraram os Estados Unidos, e em seguida o mundo inteiro, no início da década de 1970. Nicolai Kondratiev constatou, no início do século vinte, que aos ciclos curtos de alguns anos, que ritmam a vida do capitalismo, acrescentavam-se ciclos mais longos, de cerca de meio século, em que se sucediam uma fase expansiva e uma fase recessiva de duração comparável. Ernest Mandel[3] completou esta teoria — ou antes esta constatação, Kondratiev tendo descrito estes ciclos sem lhes dar realmente uma explicação teórica — com a idéia de que, se a entrada em uma fase recessiva poderia se explicar por causas internas ao sistema, seriam necessárias transformações, uma reorganização em profundidade das correlações de forças, dos "fatores exógenos" para a retomada de uma fase de expansão.

Vários elementos nos levam a responder positivamente esta questão. Alguns são de natureza econômica: a duração da retomada americana ou a rapidez de recuperação do sistema nas crises recentes, a última até o momento tendo sido a do verão (do hemisfério Norte) de 1997. Outros são o resultado da transformações das correlações de forças políticas, com a entrada no mercado mundial dos países da Europa do Leste e da China etc. É preciso citar igualmente a difusão maciça de novas tecnologias no processo de produção, das inovações que se implantam "por cachos".[4]

A incerteza sobre a entrada em uma fase expansiva está ligada aos riscos de crise bursátil e financeira nos próprios Estados Unidos, e à capacidade do sistema de limitar seus efeitos. No momento em que estas linhas estão sendo escritas, estes riscos foram atenuados pela reversão da onda especulativa com os va-

---

[3] Ernest Mandel, *Las ondas largas del desarrollo capitalista, la interpretación marxista*, Siglo Veinteuno Editores, España, 1986. 1ª edição em inglês, Cambridge University Press, 1980.

[4] É uma tradução possível do termo inglês *clustering*, literalmente "formar um grupo", usado por J. A. Schumpeter para indicar que estas inovações chegavam em grupo no tempo e no espaço.

lores tecnológicos, mas sem que os fatores de fragilidade tenham sido realmente corrigidos: a desaceleração do crescimento nos Estados Unidos pode significar uma aterrissagem suave, mas também a entrada numa recessão severa! O outro aspecto do problema concerne a características desta fase expansiva, se se confirma que o mundo entrou num tal ciclo. Nisto as opiniões convergem: "Crescimento mundial muito lento, demanda insuficiente, a partir da estagnação do investimento e do recuo do emprego", para François Chesnais[5]; "Generalização de uma lógica de mercado [que] não trouxe a estabilidade, a evolução ordenada e a progressão da produtividade e dos níveis de vida que eram esperados. Nos capitalismos mercantis, o aumento das desigualdades não permitiu uma recuperação de eficácia econômica", para Robert Boyer[6]. É preciso portanto evitar toda analogia com a última fase expansiva, a dos anos 50 a 70. Esta, resultado das correlações de forças do pós-guerra, conheceu taxas de crescimento completamente excepcionais, em particular nos países desenvolvidos. Estas taxas de crescimento e a progressão do poder de compra dos assalariados, combinadas com a bipolarização das correlações de forças mundiais, produziram um período relativamente estável, ainda que seja útil lembrar que ele se fechou em 1968, e que foi marcado por lutas de libertação nos países do Terceiro Mundo. A lembrança das características da fase expansiva precedente, a do início do último século, é provavelmente mais útil. As taxas de crescimento eram mais reduzidas e as décadas de fraco crescimento se desenrolaram num mundo em plena convulsão: fim das grandes conquistas coloniais, Primeira Guerra Mundial, revoluções russas de 1905 e 1917, choques revolucionários na Hungria em 1918 e na Alemanha entre 1918 e 1924, revolução nacional chinesa de Sun Yat-Sen etc.

Após estes breves registros históricos, é preciso mencionar duas características da fase atual que terão conseqüências impor-

---

[5] François Chesnais, *Les Temps modernes*, nº 607, op. cit.
[6] Em *La Politique à l'ère de la mondialisation et de la finance*, de Robert Boyer, *L'Année de la régulation*, op. cit.

tantes para os movimentos que se mobilizam contra a "mundialização liberal".

A primeira diz respeito ao emprego, com o desenvolvimento de todas as formas de precariedade, e o rápido crescimento das desigualdades de renda. Uma característica que limita, por fraqueza da demanda, a amplitude do crescimento, e que torna mais difícil a estabilização, a "regulação", de um sistema que todas as pesquisas de opinião mostram que é rejeitado por causa disto. A linha de defesa de numerosos dirigentes governamentais ou patronais se apóia na constatação de que ao início de toda fase de expansão corresponde um aumento das desigualdades; sua redução aconteceria depois, com a combinação da retomada de lutas salariais e da necessidade para as empresas de estabilizar sua mão-de-obra. Paul Krugman[7] pensa assim "que é provável que a era da desigualdade crescente e da desvalorização do trabalho ordinário seja apenas uma fase transitória", mas diz isto depois de ter registrado que durante a precedente revolução industrial, os salários da classe operária inglesa estagnaram por perto de cinqüenta anos, enquanto os rendimentos das classes proprietárias disparavam.

Três fatores dão pouca credibilidade aos cenários otimistas.

A importância adquirida pelo capital rentista, que reforça de modo considerável, e duravelmente, o crescimento das desigualdades, com os assalariados mais bem pagos podendo se atribuir uma renda que lhes completa o salário.

O caráter provavelmente duradouro do emprego precário, que não corresponde apenas a uma fase inicial da retomada, em que os patrões procurariam se proteger contra uma eventual inversão da conjuntura. A reorganização das firmas, faceta essencial da nova ordem produtiva, com a implementação de um sistema em cascata de filiais e de subcontratantes, se apóia de fato nestas novas formas de emprego.

---

[7] Paul R. Kugman, *La Mondialisation n'est pas coupable*, La Découverte, 1998 e 2000, versão em inglês: *Pop Internacionalism*, MIT, 1996. Edição brasileira: *Internacionalismo pop*, Campus, São Paulo, 2000.

Enfim, a própria mundialização, que abre à concorrência internacional todo o processo produtivo, inclusive o emprego, sem que existam as estruturas políticas que poderiam tomar medidas de interesse geral e garantir assim a regulação global do sistema. Este último elemento nos permite apontar uma contradição de primeira importância do novo regime de acumulação, lembrada por Robert Boyer. "Uma das maiores incertezas que pesam sobre os capitalismos do século XXI está sem dúvida na falta de coerência entre dinâmicas de acumulação que cada vez mais ultrapassam o espaço controlado pelos poderes políticos e a dificuldade de constituir novos princípios coletivos de intervenção no nível pertinente, seja ele nacional, regional – a América do Norte, a União Européia [...] – ou mundial. É neste sentido que o futuro reserva muitas surpresas, pois ele contém a possibilidade de uma crise maior, sem precedente histórico."[8] A contradição é ainda mais aguda por se conjugar com uma crise do modo de dominação imperial, que vê os Estados Unidos oscilarem entre uma afirmação unilateral de sua dominação e a aceitação de um quadro multilateral. Os movimentos sociais operam no coração destas contradições, eles mesmos divididos quanto às respostas a dar para resolvê-las.

Ciclos econômicos e ciclos de lutas

Antes de terminar com os ciclos de Kondratiev, uma observação pode ser útil à reflexão. Diz respeito às interações entre ciclos econômicos e ciclos de lutas, um exercício cujo alcance não deve ser exagerado, o número das incertezas, no domínio das lutas sociais, mais ainda que para os ciclos econômicos, tornando difícil a procura de constantes e de invariantes.

É possível partir de uma evidência: toda transformação da ordem produtiva é acompanhada por choques sociais, logo – em geral – por lutas! Esta intuição é confirmada pelos estudos de vários pesquisadores que observaram um forte impulso do movimento reivindicativo no momento das mudanças de fase do ciclo longo[9].

---

[8] Robert Boyer, *La Politique à l'ère de la mondialisation et de la finance*, op. cit.
[9] Estas observações são extraídas de um artigo de Louis Fontvielle, nº 7-8 da revista *Économies et Sociétés*, 1993, que publicou as atas de um colóquio sobre "Os movimentos de longa duração no pensamento econômico".

Se levamos esta idéia um pouco adiante, é preciso diferenciar os momentos em que o ciclo muda, já que o movimento operário não está na mesma situação depois de uma fase expansiva e depois de uma fase recessiva. Ele se reforça nas fases expansivas, que vêem o número de assalariados aumentar e sua correlação de forças se beneficiar com as margens de manobra que o crescimento traz para as empresas. No momento em que o ciclo se inverte e entra na sua fase recessiva, tendo como conseqüência uma ofensiva patronal para tentar restaurar sua taxa de lucro, o movimento operário está numa situação que pode parecer muito favorável. Esta era a realidade do sindicalismo dos países desenvolvidos nos anos 70; e no entanto vimos que ele não pôde, apesar de lutas numerosas, opor-se eficazmente às ofensivas patronais. Se nos restringimos à realidade fotográfica do movimento operário desta época, mais poderoso do que jamais tinha sido, e se tomamos como critério a força dos aparelhos e o número dos sindicalizados, podemos pensar que a correlação de forças era ótima. Completamente diferente é a capacidade de ação real do movimento operário, que remete a ideologias, estratégias e formas de organização herdadas da fase expansiva do pós-guerra. Estratégias que tinham mostrado uma certa eficácia dos anos 50 aos 70, pelo menos no plano quantitativo − os aumentos do poder de compra −, mas que se revelaram pouco operativas quando o ciclo se inverteu e as circunstâncias mudaram completamente.

Muito diferente é a situação das lutas que se desenvolvem quando a inversão ocorreu no ponto mais baixo do ciclo, no fim da fase recessiva. Isto explica uma das especificidades da situação: uma retomada de lutas sociais em vários países, como a França e os Estados Unidos, que não é acompanhada por um reforço estrutural do movimento operário. No ponto alto do ciclo, o movimento operário está forte, mas é tanto mais modelado por sua prática precedente quanto mais ela tiver mostrado resultados. No ponto baixo do ciclo, o movimento operário está estruturalmente enfraquecido, mas esta fraqueza é acompanhada por uma maior flexibilidade e pela colocação em prática de idéias novas, uma situação que tem a ver com a do capitalismo que conhece −

no mesmo momento — uma fase de redefinição comparável. Guerras de movimentos mais que guerras de posições, as lutas e conflitos dos pontos baixos do ciclo são momentos de inovação e de reconstrução, momentos em que se desenham as formas de organização que se imporão duradouramente na fase expansiva. No início do último século, esta é, na França, uma fase de tateamento e de experimentação, em que a CGT sindicalista revolucionária se apóia nas "bolsas de trabalho", lugar de intercâmbio e de solidariedade que reúne, no plano local, todas as profissões. A CGT inventa o modelo sindical francês, o da "dupla tarefa"[10], a defesa imediata dos assalariados e a transformação radical da sociedade. Um modelo em que se cruzam federações de sindicatos profissionais e uniões locais interprofissionais. Nos anos que se seguiram à Segunda Guerra Mundial, é uma outra redefinição que predomina; desenha-se então uma paisagem sindical muito diferente da do entreguerras, que perdurará até os anos 80. Hoje, é precisamente esta fase de crise e de recomposição, com um campo sindical e associativo em plena mutação, que nós vivemos.

As relações entre capital financeiro e multinacionais

Nos Estados Unidos, os militantes se mobilizam contra a *corporate globalization*, a "mundialização a serviço das grandes empresas", enquanto na França o movimento alçou vôo graças à ATTAC, focado na "mundialização financeira" e na luta contra a especulação, cujos efeitos se mostraram à luz do dia no momento da crise asiática de 1997. Esta simples observação, que vai além da constatação das diferenças culturais, mostra que o problema não se limita às questões teóricas[11]: os temores que se exprimem dizem respeito muitas vezes a problemáticas militantes. Polarizando-se nas multinacionais, o risco seria o de não ver que o que dá o tom e fixa as regras da fase atual da mundialização. Insistin-

---

[10] A fórmula foi tirada da "carta de Amiens", adotada no 9º Congresso da CGT, em 1906. Este texto, que prega a independência do sindicato com relação aos partidos políticos, é o mais célebre do sindicalismo francês.

[11] Estas posições foram expostas durante uma discussão escrita entre Michel Husson e François Chesnais nos números 149, 151 e 153 — do verão de 1997 ao outono de 1998 (no hemisfério norte) — da revista *Critique Communiste*.

do no peso das finanças, uma análise parcial poderia levar a pensar que o problema se limita à existência de uma "bolha especulativa" que medidas técnicas, como a taxa Tobin, bastariam para regular. Sem pensar poder fechar a discussão, um retorno a alguns debates e um desvio pelo que caracteriza os fundos de pensão poderão nos ajudar a compreender melhor as especificidades da situação atual.

Os debates sobre o imperialismo

No início do século vinte, o mundo conheceu um longo período de expansão, que foi acompanhado por uma mutação importante das estruturas do capitalismo. Numerosos estudos dedicaram-se a descrever e a compreender este novo estado do capitalismo, que tomou, graças às obras do britânico J. A. Hobson, do austríaco Rudolf Hilferding e, sobretudo graças ao prosseguimento de seus trabalhos por Lênin, o nome de "imperialismo". Um primeiro retorno a estes temas surpreende pelas analogias que mostra com a situação presente. Para Hilferding, as duas características do capitalismo da época são a concentração, com a tendência à criação de monopólios, e o peso adquirido pelas finanças, ou mais precisamente pelo capital bancário, na economia: "Uma parte sempre crescente do capital industrial não pertence aos industriais que o utilizam. Estes últimos só podem dispor dele pelo canal do banco, que é para eles o representante dos proprietários de capital [...] Este capital bancário — isto é, capital dinheiro — que se transforma assim em capital industrial, eu o chamo de capital financeiro".[12] Poderíamos pensar estar lendo François Chesnais, em *A mundialização do capital*: "É da esfera financeira que é preciso partir se queremos compreender o movimento contemporâneo do capitalismo mundial." Poderíamos encontrar muitas outras analogias, começando pela importância da renda, tanto a que rece-

---

[12] R. Hilferding: *Le Capital financier*, Vienna, 1910 [edição brasileira: *O capital financeiro*, Nova Cultural, 1985], citado por Lênin em *L'Impérialisme, stade suprême du capitalisme*, in *Oeuvres complètes*, tomo 22, Éditions Sociales, Paris, e Éditions du Progrès, Moscou, 1976 [*O imperialismo, fase superior do capitalismo*, diversas edições brasileiras].

bem os particulares como as extraídas da dívida de países do Sul, na época em benefício da Grã-Bretanha.

Outra analogia: a volta do debate entre "imperialismo" e "ultra-imperialismo". Uma discussão também importante para os movimentos sociais, pois leva a uma análise muito diferente da situação mundial: esmagada por um império todo-poderoso — ainda próximo de seu declínio –, em um caso, ou situação tanto mais aberta quanto mais fortes são as contradições interimperialistas.

A partir da análise das sociedades multinacionais, Odile Castel[13] propõe retomar a definição de Karl Kautsky[14], o principal teórico da socialdemocracia alemã de antes de 1914: "ultra-imperialismo". Esta definição fora criticada por Lênin, que considerava que, no capitalismo da época — batizado imperialismo –, os monopólios e os Estados dos países dominantes travavam uma concorrência feroz, que chegou até a guerra, pela conquista de mercados e territórios. Contrariamente a esta idéia, Karl Kautsky propusera a hipótese de uma aliança entre imperialismos, que poderia chegar à constituição de um ultra-imperialismo. Pensava que a questão era antes de tudo política — a conquista dos territórios que ainda não estavam sob a dominação das grandes potências, como a China da época –, que o imperialismo não era uma necessidade econômica para o capitalismo no seu conjunto[15]. Não é este o argumento retomado por Odile Castel, que usa a mesma fórmula, pois ela lhe parece dar conta de uma situação em que "os oligopólios atingiram uma estatura mundial, e os Estados não podem mais ser um tutor exigente de seu capitalismo nacional". As multinacionais, assim desconectadas de seus países de origem, rivalizariam com os Estados na influência sobre as grandes instituições internacionais, FMI, Banco Mundial, OMC, que, por seu lado, moldariam um mundo favorável à extensão de suas frações

---

[13] Em *Le Triangle infernal, crise, mondialisation, financiarisation*, PUF, *Actuel Marx, Confrontation*, 1999, obra organizada por Gérard Duménil e Dominique Lévy.

[14] Karl Kautsky, *Neue Zeit* de 30 de abril de 1915, citado por Lênin, *L'Imperialisme, stade suprême du capitalisme*, op. cit.

[15] Ver a biografia escrita por Gary Steenson, *Karl Kautsky marxism in the classical years*, University of Pittsburg Press, 1991.

de mercado e de seus lucros. Sem empregar a mesma expressão — escolheram o termo "Empire" —, Toni Negri e Michael Hardt[16] defendem uma tese similar: "O imperialismo é uma máquina mundial para dividir, canalizar, codificar e territorializar os fluxos de capital... O mercado mundial, ao contrário, exige um espaço liso, de fluxos não codificados e desterritorializados." Estas tendências estão evidentemente operando, mas Odile Castel, Toni Negri e Michael Hardt parecem ir um pouco depressa demais. As empresas, mesmo multinacionais, têm uma necessidade imperativa de poderem se apoiar num instrumento político. O "político" é útil para acompanhar as multinacionais na conquista ou na defesa dos mercados. É indispensável ao estabelecimento de normas e regras, necessárias ao funcionamento do capitalismo em geral, e das empresas em particular; do mesmo modo que ele é tanto a única fonte de direito como o instrumento de coerção. Quanto mais a "retaguarda" das empresas é forte e poderosa, maiores as chances de verem adotadas as regras que lhes são favoráveis. É por isso que, por mais internacionalistas que sejam, as grandes empresas multinacionais mantêm uma localização que não é apenas fictícia: Boeing e IBM são norte-americanas, como Renault e Total são francesas, Daimler é alemã. As coisas são um pouco diferentes para os pequenos países, Holanda, Suíça ou Escandinávia, mas o essencial se joga entre os grandes países da tríade América do Norte, Europa e Japão. A situação seria completamente diferente se as instituições internacionais se transformassem num poder político real, num esboço de "governo mundial", mas estamos longe disso, ainda que a internacionalização das companhias seja uma das causas da ascensão das idéias de *global governance* ou de regulação mundial.

O cenário inverso merece que lhe seja dada atenção. Para Immanuel Wallerstein[17], que considera que para as multinacionais "os Estados fortes são os garantidores, sua própria vida, o elemento crucial para a criação de grandes lucros", a entrada em

---

[16] Toni Negri e Michael Hardt, *L'Empire*, Exils, 2000 [Edição brasileira: *Império*, Record, 2001].

[17] Immanuel Wallerstein, *L'Utopistique*, op. cit.

um "novo ciclo Kondratiev, acompanhado por uma nova expansão da produção... vai desencadear uma intensa concorrência entre os Estados Unidos, a União Européia e o Japão para decidir quem será o principal beneficiário desta alta, tornando-se de um golpe o lugar geométrico da acumulação de capital".

Finanças e indústria

Uma das diferenças essenciais entre as duas fases do capitalismo, a de hoje e a do início do século vinte, parece estar nas relações entre capital financeiro e multinacionais. São estas relações que nos permitirão compreender por que as duas abordagens, "mundialização liberal" ou *corporate globalization*, podem existir conjuntamente.

Para os teóricos do início do século vinte, o essencial é a tendência ao monopólio pela "interpenetração do capital bancário e do capital industrial"[18], uma interpenetração que leva à constituição de um "capital financeiro" que representa uma osmose real, bancos e indústrias gerindo juntos os grandes negócios daquele início de século. A concentração das empresas, neste início do século vinte, é tanto vertical quanto horizontal, os monopólios podendo assim dominar setores de atividade muito diferentes. A Bolsa, neste contexto, vê seu papel se reduzir, com os rendimentos da renda, originários dos lucros, da exploração colonial ou dos juros da dívida sendo distribuídos diretamente pelos estabelecimentos financeiros.

Hoje, a Bolsa desempenha um papel essencial na regulação do sistema e, se vemos uma aceleração das fusões e aquisições, estas têm lugar no quadro "de uma tendência longa à recentragem", como nota o economista Laurent Batsch[19]. Ele explica esta tendência pelo fato de que "o acionista defende melhor seus interesses diversificando ele próprio seus investimentos, mais do que investindo em empresas diversificadas. O acionista espera da empresa que ela consagre seus esforços à maximização de sua

---

[18] Fórmula do revolucionário russo Nicolai Bukharin, citada por Lênin em *O imperialismo*, op. cit.

[19] Laurent Batsch, *Finance et stratégie*, Économica, 1999.

rentabilidade, de um lado, e à redução do risco econômico, mais do que à diversificação, do outro". É esta separação entre acionistas, possuidores de capital financeiro, e empresas, que impressiona no regime atual de acumulação. É o que explica a volta das Bolsas como lugar onde se finalizam os intercâmbios entre finanças e empresas. É o que explica também o declínio relativo do poder dos banqueiros. Ainda que em alguns domínios, como o das fusões/aquisições, seu papel cresça. O escritor norte-americano Ron Chernow[20] lembra, em *A morte do banqueiro*, "que um termo horrível é utilizado para descrever este fenômeno: desintermediação". De fato, trata-se mais exatamente de uma outra forma de "intermediação"; hoje são os fundos de investimentos que desempenham este papel. Em 1945, os investidores institucionais nos Estados Unidos (fundos de pensão, seguros de vida, fundos mútuos de investimentos) geriam apenas 4,3% das ações das empresas norte-americanas. Em 1997, esta cifra subira para 49,3%, e até para 59,9%, se só levamos em conta as 1.000 maiores empresas do país.

Esta autonomia relativa destas duas esferas — a das finanças e a das multinacionais — é reforçada pelos modos de gestão dos investidores profissionais, fundos de pensão ou seguros de vida, hoje atores dominantes da esfera financeira. Eles são submetidos a uma concorrência feroz e seus resultados são vigiados permanentemente: o único critério de avaliação é o rendimento dos fundos investidos, e isto leva à especialização dos papéis, cada um, dirigentes de empresas e gestores de fundos, gerindo seu domínio e fazendo seu "ofício". As temporalidades destas duas esferas não são as mesmas: enquanto a indústria — no sentido amplo — tem necessidade de anos para aperfeiçoar novos produtos, cadeias de fabricação e de distribuição, as finanças exigem uma rentabilidade rápida, mesmo se isto é feito em detrimento do futuro das companhias, a longo prazo. Os partidários do sistema tentam encontrar respostas para esta situação paradoxal: o que pode ser ruim para uma empresa individual é bom para as empresas em geral, pois a produtividade global aumenta — o que está

---

[20] Ron Chernow, *The Death of the Banker*, Pimlico, Londres, 1997.

por demonstrar! – e os capitais assim liberados podem beneficiar aos novos setores da economia, as famosas *start-up*. Mas o que é seguro, mais do que a validade destes argumentos, é que o sistema só anda se os gestores dos fundos são externos à gestão das empresas: mais do que se imiscuir na condução dos negócios correntes, o que vale é exigir o melhor retorno possível do investimento. As regras de gestão dos fundos de pensão norte-americanos são, a este respeito, esclarecedoras[21].

Estes tiveram uma evolução dupla: dos fundos de empresas aos fundos multiempresas, e dos fundos com prestação definida aos fundos com cotização definida.

Dominados pelos fundos de empresas nos anos do pós-guerra, com as cotizações sendo no mais das vezes pagas apenas pelos empregadores, os fundos foram transformados em fundos multiempresas no meio dos anos 70, para proteger os assalariados das falências consecutivas no início da crise econômica. Foi a lei ERISA (Employee Retirement Income Security Act), votada em 1974, que fixou as bases do sistema e definiu suas regras.

A segunda evolução – a que viu a passagem dos fundos com prestação definida aos fundos com cotização definida – liga-se, por seu lado, à alta das Bolsas que seguiu à quebra de 1987. As empresas queriam recuperar as mais-valias bursáteis, considerando que haviam sido elas que tinham corrido os riscos, e que bastava-lhes pagar as prestações previamente definidas. Os assalariados e os sindicatos, em desacordo com as empresas, tinham freqüentemente aceitado um novo sistema: os fundos com cotizações definidas, que lhes garantiam receber a totalidade dos ganhos em caso de alta bursátil... mas os faziam assumir todos os riscos de uma nova quebra! Compreende-se que, neste caso, os assalariados tenham ficado particularmente atentos à maneira pela qual seus fundos eram geridos.

A lei ERISA indicava que estes fundos deveriam ser geridos "com prudência". Em uma primeira etapa, esta regra deveria apli-

---

[21] Ver a este respeito os artigos de Sabine Montagne, Mary O'Sullivan, Catherine Sauviat e Jean-Marie Pernot na revista *L'Année de la régulation*, vol. 4, La Découverte, 2000.

car-se a cada investimento. Segundo os costumes de Wall Street, esta "prudência" passou a ser aplicada apenas ao portfólio no seu conjunto. Depois, enfim, esta norma foi assimilada à obrigação de se basear nos conselhos de "especialistas"; os fundos passaram então a seguir as regras do benchmark[22]: seus resultados eram comparados aos dos outros investidores financeiros, e era-lhes necessário obter resultados comparáveis, e portanto adotar os mesmos critérios em matéria de retorno do investimento e de valorização do capital. Por seu lado, as direções das empresas se protegeram utilizando as regras das "operações ordinárias", adotadas no início dos anos 50, regras que permitiam recusar tratar em assembléia geral as operações ordinárias de gestão: gestão da mão-de-obra, política social, demissões etc. Apenas a remuneração da alta direção, e isto desde 1992, podia ser colocada na ordem do dia. O conjunto destas regras constrangeu os gestores dos fundos, inclusive os sindicalistas que, desde 1995, são seguidos pela direção da AFL-CIO — ela considera este aspecto da vida sindical muito importante —, a se limitarem à exigência da maior rentabilidade possível.

Se queremos resumir em algumas palavras o funcionamento deste novo "regime de acumulação", podemos contentar-nos em dizer que as regras — no sentido global, incluindo a estrutura das empresas, a dos empregos, assim como as margens de manobra dos Estados — são fixadas pelas finanças, mas que a gestão é realizada de modo separado, com as direções das multinacionais desempenhando um papel-chave na elaboração das estratégias industriais e na implementação das políticas concretas. São mecanismos que estão no centro das críticas dos movimentos sociais, devido a suas conseqüências no plano tanto social como ambiental.

A homogeneização das formas de capitalismo

Também este problema é importante para os sindicatos e movimentos sociais, pois permite antecipar os questionamentos

---

[22] *Benchmark*, literalmente "referência", noção de marketing e de gestão que indica uma comparação no campo considerado.

dos compromissos sociais nacionais e as resistências que podem resultar daí.

O capitalismo, em particular nos anos do pós-guerra, desenvolveu-se sob formas específicas que se distinguiam ao mesmo tempo por seus modelos industriais e pelo tipo de "compromisso social" capaz de garantir uma regulação de conjunto, em geral sob o controle e o impulso dos poderes estatais. Os teóricos da "escola da regulação", desde os anos 80, trabalharam sobre estas especificidades. Robert Boyer[23] aponta assim vários modos de regulação. Em primeiro lugar, a regulação mercantil (Estados Unidos, Grã-Bretanha), em que o mercado é o princípio organizador. Em seguida, a regulação "mesocorporativa" (Japão, Coréia do Sul), em que o princípio de partilha e de mobilidade nas unidades econômicas de grande porte com produção diversificada domina. A regulação pública (França), em que as intervenções do Estado moldam os circuitos econômicos. Enfim, a regulação socialdemocrata (Alemanha, Escandinávia), em que as negociações entre parceiros sociais fixam as regras tanto sociais como econômicas. Outras expressões foram empregadas para caracterizar estas diferenças. Michel Albert popularizou assim, no início dos anos 90, o termo "capitalismo renano", para descrever um modelo alemão que se apóia em negociações entre parceiros sociais, mas que tem também como característica um desenvolvimento importante do aparelho industrial e uma sinergia capital bancário/capital industrial que garantiu, durante anos, a estabilidade do sistema.

As restrições impostas, no mundo inteiro, pelo capital financeiro e a vantagem comparativa adquirida pela economia norte-americana na década de 90 são motores poderosos de uma adaptação rápida dos sistemas nacionais às regras do capitalismo anglo-saxão. A adaptação foi tanto mais rápida quanto a Alemanha e o Japão, portadores dos modelos alternativos mais importantes, pelo peso de suas economias e pela especificidade de seu modo de regulação, conheceram uma fase de estagnação nos anos 90.

---

[23] Robert Boyer, *L'Année de la régulation*, 1999, vol. 3, *op. cit*. O autor desenvolveu estas teses em diversas obras ou artigos.

A evolução alemã

A pressão foi mais forte sobre a Alemanha, por ela ter um tamanho menor do que o Japão, e por estar submetida a regras européias que aceleram a integração dos países da União na "globalização". Se fosse preciso escolher um momento simbólico nesta aceitação pela Alemanha da dominação das regras do capitalismo anglo-saxão, a oferta pública de troca de ações da Vodaphone sobre Mannesmann, em 1999, serviria perfeitamente para isto. Até então os grandes grupos industriais alemães se sentiam protegidos pela imbricação do capital bancário e do capital industrial, e por uma lei que tornava mais difícil o êxito de ofertas públicas de compra ou de troca hostis. Os reagrupamentos internacionais eram em primeiro lugar produto de alianças, como a que permitiu a criação de Airbus, ou de fusões sob domínio alemão, o modelo colocado como referência sendo Daimler/Chrysler, o grande êxito da indústria automobilística germânica. Um após o outro, dois fracassos no mundo das telecomunicações vão perturbar o sistema. Deutsche Telekom não consegue assumir o controle de Telecom Italia, ameaçada pela Olivetti, apesar da concordância da direção da empresa, e sobretudo a Mannesmann, grande grupo metalúrgico e primeira companhia alemã de telefonia móvel, foi objeto de uma oferta pública de troca hostil de quase 1 trilhão de francos, lançada pelo grupo anglo-americano Vodaphone. O êxito desta operação, apesar da mobilização conjunta do patronato alemão, do governo e do movimento sindical, que tentou mobilizar seus homólogos norte-americanos para que usassem sua influência nos fundos de pensão presentes no capital da companhia, acelerou as reformas na Alemanha. A primeira, votada em julho de 2000, trata da tributação. Concerne as pessoas físicas, com a mudança da taxa mais alta do imposto de renda de 51% para 41%; e as empresas, especialmente com a exoneração das mais-valias realizadas sobre cessões de participação. Era o obstáculo principal para que fossem desatados os laços entre capital bancário e capital industrial. Tendo sido estes impostos suprimidos, podemos esperar uma aceleração das fusões/aquisições, tanto na Alemanha como na cena internacional. A segunda reforma, dois meses mais tarde, tratou das aposentadorias. Um acordo foi firmado entre o governo e os sindicatos para acrescentar ao sistema de proteção social um "andar" constituído de fundos de pensão. Um meio, para o governo, de limitar o custo do envelhecimento da população, e sobretudo de mobilizar as quantias consideráveis necessárias à reorganização do capitalismo alemão.

Esta transformação das regras que regem o funcionamento do capitalismo alemão não vai, é certo, levar à uniformização dos modelos produtivos dos grandes países. A mundialização homogeneíza e diferencia ao mesmo tempo, como notam Gérard Kébadjian – "a mundialização e a internacionalização levarão ao reforço das especializações dos países e portanto à ampliação das diferenciações"[24] – e Robert Boyer – "ainda é uma simplificação [...] pensar que haveria um modelo produtivo ótimo único [...] de sorte que firmas e nações deveriam convergir para configurações análogas. Os modelos produtivos retiram, ao contrário, sua competitividade de sua especialização e de sua diferenciação uns com relação aos outros".[25]

Observações importantes, que não devem no entanto nos levar a subestimar a amplitude das transformações que atingem os antigos modos de regulação e sobretudo as conseqüências sociais destas transformações. Cada país encontrará sua "defesa" na economia mundial, mas a dupla pressão do capital financeiro e das grandes empresas engajadas em um processo de concentração vai levar a uma homogeneização das regras que regem a economia. A Alemanha é um dos países da Europa em que as conquistas conservadas pelos assalariados são mais importantes. Isto é verdade no que diz respeito aos salários, inclusive nas categorias menos qualificadas, nas prestações sociais pagas aos desempregados, nos limites postos para a flexibilidade e a precariedade do emprego etc. Quem pode pensar que estas conquistas não estarão ameaçadas por fusões e aquisições cujo primeiro objetivo será a busca de "sinergias", logo de excedentes? Quem pode pensar que, diante dos imperativos da rentabilidade de um capital financeiro internacionalizado, as firmas não desenvolverão o emprego precário e a flexibilidade? Os dirigentes políticos e patronais vão

---

[24] Gérard Kébadjian, em *Mondialisation, les mots et les choses*, Karthala, 1999.
[25] Robert Boyer, entrevista publicada no *Le Monde* de 29 de fevereiro de 2000.

tentar obter o acordo dos sindicatos neste processo de reformas, em troca da concessão de algumas garantias, como a manutenção do sistema alemão de direção das empresas, um diretório e um "conselho de supervisão" em que a parte sindical tem a metade dos lugares. Mas diante do questionamento de um modelo social ao qual os assalariados eram muito ligados, há todas as chances de que as reações se multipliquem e que reencontremos todo ou parte do sindicalismo alemão em futuros movimentos sociais.

O exemplo japonês

O Japão está num contexto diferente, com um outro ambiente e com uma economia dotada de uma massa crítica que lhe dá mais margens de manobra. Daí a idéia — alguns pensariam a ilusão —, presente em muitos dirigentes políticos e sindicais, de que o país poderá livrar-se das dificuldades e preservar seu modelo social. Em favor desta tese, mencionam a amplitude de sua economia, a "grande retaguarda" que a Ásia representaria, na qual o Japão é — e de longe — o principal investidor. Sublinham igualmente a solidez dos laços sociais que foram pouco atingidos por um desemprego que se desenvolve, mas que continua, no essencial circunscrito ao setor da construção. Contra esta opinião, outros militantes põem o dedo nas fraturas que começam a abalar o modelo japonês. O capital estrangeiro toma pé nas empresas e não se contenta com esperar educadamente os retornos dos investimentos: no caso de Nissan, Carlos Ghosn, enviado pela matriz, o grupo Renault, começou uma ampla reforma da companhia, calcada sobre o que é feito na Europa ou nos Estados Unidos. Estas reformas vindas de cima entram em sintonia com certas aspirações de uma juventude que não se satisfaz mais com as vantagens do "emprego para toda a vida" que é preciso trocar por numerosas restrições: respeito à disciplina e às hierarquias, quase ausência de férias etc. Uma nova palavra, *freeter*[26],

---

[26] Foi um filme que popularizou a expressão. Se uma parte da juventude aceita, na falta de coisa melhor, este tipo de trabalho, as aspirações por uma vida diferente continuam a se exprimir. Podíamos assim ver, no fim do ano 2000, na imprensa japonesa, incitações dos poderes públicos dirigidas aos jovens para que aceitem empregos em tempo integral, para garantir a perenidade do sistema de proteção social!

foi até inventada, há mais de dez anos, para designar estes jovens que passam de um pequeno emprego a outro. Nos anos 80, tratava-se de uma verdadeira escolha, mas hoje as restrições do mercado de emprego obrigam cada vez mais jovens a aceitar este tipo de trabalho: eram 52 mil em 1982 e 135 mil em 1997. Fator suplementar de inquietação: as dificuldades e contradições que encontram os sindicatos japoneses, e sobretudo o principal deles, Rengo[27], para se oporem às reformas de inspirações neoliberais. Na primavera (do hemisfério Norte) de 2000, o governo conseguiu, assim, fazer passar uma reforma das aposentadorias. Em alguns anos, a idade requerida para fazer valer seus direitos passou de 60 a 65 anos, e o sistema, que se fundava na repartição, evoluiu para um sistema idêntico ao dos Estados Unidos: o governo garante um mínimo de renda, e todo o resto depende de fundos de pensão privados. Rengo não conseguiu opor-se a esta reforma: o governo aceitou, na última etapa, abandonar um outro dos seus projetos, que visava questionar o sistema atual em que as cotizações sindicais são pagas diretamente pelo empregador, em "troca" da neutralidade sindical quanto aos fundos de pensão!

Também aí, como na Alemanha, podemos pensar que o questionamento do modelo que fez a estabilidade do Japão nas últimas décadas levará a lutas e reorganizações do movimento sindical.

As transformações internas às empresas

A transformação das empresas é um dos elementos-chave da transformação radical que o capitalismo conheceu durante estes últimos vinte anos. Existe sobre este assunto uma literatura abundante, e não se procurará aqui senão apontar algumas destas evoluções, naquilo que afetam os movimentos sociais e o sindicalismo.

---

[27] Rengo nasceu, nos anos 80, da fusão de dois sindicatos, Domei e Johyo, este último mais à esquerda, próximo ao partido socialista. Esta fusão representou uma evolução à direita do sindicalismo japonês. Ao lado da Rengo, encontramos a central próxima do partido comunista, Zenrokyo, e um pequeno sindicato próximo da extrema esquerda, composto por militantes de Johyo que recusaram a fusão em Rengo.

Três elementos devem ser levados em conta. A evolução das próprias empresas, a da organização do trabalho e do emprego, e enfim "o espírito[28]" deste novo capitalismo. A evolução das empresas passou por diversas fases, com momentos de "tateamento" que correspondiam, em grande parte, ao que eram as zonas de crescimento da economia mundial. Depois dos círculos de qualidade do fim dos anos 70, os anos 80 viram florescer a moda do "toyotismo", inspirando-se nas lições do êxito da economia japonesa. Hoje, é o capitalismo anglo-saxão que dá o tom, inclusive na organização das empresas. Para Manuel Castells[29]: "A principal transformação pode ser definida como a passagem da burocracia vertical à firma horizontal [que] se caracteriza por sete grandes tendências: organização em torno de um procedimento; nome de uma tarefa; hierarquia achatada; gestão em equipe; medida dos resultados pela satisfação do cliente; recompensas fundadas nos resultados coletivos; maximização dos contatos com os fornecedores e os clientes; informação, formação e formação contínua em todos os níveis." Para este autor, a empresa em rede é a "forma organizacional da economia informacional/global". Uma rede que funciona tanto na empresa, com a criação de entidades autônomas — sejam ou não filiais —, como com os subcontratantes e as companhias de serviços que retomam o conjunto das atividades "terceirizadas" pela empresa contratante. Existe uma outra tendência, muito clara nestes últimos anos, à recentragem das empresas na sua atividade básica, por razões que têm a ver com as regras impostas pelo capital financeiro. Esta recentragem é, em parte, coerente com a evolução descrita por Manuel Castells, quando se trata de terceirizar tal ou qual atividade. Mas cria também tensões vindas das lógicas diferentes da extensão, obrigatoriamente abundante e algo anárquica da rede — é a lei do gênero —, e das regras de rentabilidade, que obrigam à concentra-

---

[28] Referência ao livro de Luc Boltanski e Ève Chiapelo, *Le Nouvel esprit du capitalisme*, Gallimard, Paris, 1999.

[29] Manuel Castells, *La Société en réseaux*, Fayard, 1998. Edição brasileira: *A sociedade das redes*, Paz e Terra, São Paulo, 1999.

ção cada vez um pouco maior no coração do negócio. De onde os movimentos de cissiparidade em que empresas crescem e depois se dividem, como aconteceu com Vivendi, que separou o que era seu negócio tradicional, a água e o lixo caseiro, das atividades audiovisuais e de telecomunicações.

A organização do trabalho evolui também, mas menos rapidamente do que os ideólogos do patronato, prontos a louvar o trabalho "autônomo" e qualificado, afirmam. Se o taylorismo desapareceu de setores inteiros, como das indústrias de processos – química, farmácia etc. –, continua muito presente em outros ramos – vestuário, alguns setores da metalurgia –, e progride em novos setores da economia, como os centros de chamadas telefônicas. Mas, por toda a parte, as fórmulas "participativas" se desenvolvem, assim como a flexibilidade dos horários, a maior pressão pela rentabilidade, a "intensificação" do trabalho e a progressão rápida do número dos empregos atípicos ou precários (provisoriedade, contratos curtos etc.). Esta multiplicação dos estatutos e das realidades concretas, em que organizações de trabalho muito hierarquizadas ladeiam formas reais de autonomia – explicam a persistência de debates sem fim sobre as grandes tendências na organização e na qualificação do trabalho. Thomas Coutrot[30] propõe uma teoria original que dá um quadro explicativo a esta diversidade. Na "firma neoliberal", a "autonomia concedida nos métodos de trabalho é controlada pela ameaça permanente do desinvestimento e do desemprego de massa: é a desregulação dos mercados e a cooperação forçada na firma". É um modelo que permite ao mesmo tempo "a implicação e a precariedade, [...] a flexibilidade interna e a flexibilidade externa". Um modelo que leva os compromissos sociais nacionais a "uma convergência tendencial dos modelos produtivos em direção ao regime neoliberal".

Esta mutação se acompanha de uma evolução dos discursos e da ideologia.

---

[30] Thomas Coutrot, *L'Entreprise néolibérale, nouvelle utopie capitaliste?*, La Découverte, Paris, 1998.

É o que estudaram Luc Boltanski e Ève Chiapello[31], a partir da literatura da administração. Depois da figura do empresário, do burguês, símbolo do "primeiro espírito do capitalismo", o do século XIX, passamos, depois da Segunda Guerra Mundial, à do diretor, do engenheiro ou do quadro administrativo, que gere a grande empresa do período fordista. E hoje, é o tempo dos *managers*, se possível "visionários" e "criativos". Neste terceiro espírito do capitalismo, a metáfora da rede volta permanentemente. Ela é "mobilizada em todas as espécies de contextos, quer se trate da generalização do trabalho em equipes autônomas [...] trabalhando elas mesmas em redes, do desenvolvimento de relações de parceria em que a confiança desempenha um grande papel, [...] ou ainda da instauração de uma 'rede de empresas'[...]".

O interesse da obra de Luc Boltanski e Ève Chiapello está assim na análise da relação entre a evolução do capitalismo e o desenvolvimento de sua crítica, relações de direção dupla, com o capitalismo integrando os elementos da contestação, sobretudo os que vêm da "crítica artista[32]", enquanto os movimentos sociais se impregnam, eles também, do "espírito do capitalismo". "Reconhecemos a homologia morfológica entre os novos movimentos de protesto e as formas do capitalismo que se implantaram no curso dos vinte últimos anos. Esta homologia dá a estes movimentos muito móveis a oportunidade de reencontrar apoios onde, precisamente, as organizações tradicionais perdiam o pé. Mas significa também que devem compor com o gênero de tensões que habitam as formas emergentes do capitalismo."[33]

Tocamos aí numa descrição à qual voltaremos.
Do mesmo modo, nós nos contentaremos em apontar os problemas que esta isomorfia coloca.
Em primeiro lugar, problemas circunstanciais aos movimentos sociais de que falam Luc Boltanski e Ève Chiapello: eles te-

---

[31] Luc Boltanski e Ève Chiapelo, *Le Nouvel esprit du capitalisme*, op. cit.
[32] Os autores distinguem a crítica artista da crítica social. A primeira inclui o questionamento da alienação e desenvolve a vontade de autonomia e de emancipação.
[33] Luc Boltanski e Ève Chiapello, *Le Nouvel esprit du capitalisme*, op. cit.

mem que estes fiquem prisioneiros de uma crítica da exclusão, sem abordar a noção de exploração.

Mas também, um problema mais profundo: se é bem conhecido que dois exércitos só podem se enfrentar se têm similitudes — isomorfias —, a ruptura e a vitória acompanham freqüentemente o aparecimento de idéias e de formas de organização novas.

SEGUNDA PARTE
A mundialização dos movimentos sociais

1
Os movimentos sociais no novo contexto mundial

Seria útil investigar as conseqüências da nova situação sobre os movimentos que lutam contra a globalização liberal. Por suas ações, eles iluminam aspectos pouco conhecidos do novo contexto internacional.

A descoberta de uma política mais flexível

De saída impõe-se uma descoberta: a da política nas relações de força complexas e mutáveis que permitem a emergência do movimento e vitórias inesperadas. As dezenas de milhares de manifestantes reunidos em Seattle em novembro de 1999, mesmo respaldados pelos de Paris, Londres ou Nova Delhi, jamais poderiam ter imposto um revés à OMC, uma das instituições internacionais mais poderosas, sem as contradições que distanciavam os países ricos dos países pobres, e sobretudo a União Européia dos Estados Unidos. Mas a vitória foi atribuída aos manifestantes, legitimando assim o surgimento de um novo ator social que imediatamente se reconheceu como sendo de envergadura mundial. Esse reconhecimento não é ilegítimo, tanto pela amplitude dos movimentos engajados nesse processo de contestação, e que foram identificados nos manifestantes de Seattle, como pela consciência difusa de que aquele evento era uma dessas bifurcações em que forças ainda diminutas podem, se favorecidas pelas circunstâncias, tomar um impulso que as leva a um destino bem diferente.

Há uma ruptura radical com a situação do mundo a partir de 1945. A separação em dois blocos, logo unidos entre si pela arma atômica, congelou os processos, forçando os vários atores a "escolher seu campo" e a se inserir nas realidades econômicas e políticas determinadas por uma ou outra das duas grandes potências. A partir de 1954[1] alguns Estados do Terceiro Mundo procuram se emancipar dessas tutelas, mas suas tentativas não resistirão à realidade das relações de força, sendo todos eles forçados, *in fine*, a escolher um protetor; apenas a China e, até certo ponto, a Índia terão o peso suficiente para conservar uma grande autonomia na determinação de sua política. Os Estados não foram os únicos a sofrer o jugo do alinhamento. A grande maioria dos sindicatos, partidos e movimentos se inserirá no mundo bipolar, alguns justificando essa escolha com argumentos ideológicos, outros simplesmente qualificando-a de mais realista. Um realismo que, em nome da experiência – as várias intervenções armadas, tanto americanas como soviéticas –, preconizava, no Leste como no Ocidente, uma política de passos pequenos que não questionasse os grandes equilíbrios resultantes da Segunda Guerra Mundial.

O único movimento de ruptura nessa *Realpolitik* é o de 1968, a primeira "revolução mundial", ou a segunda – sendo a de 1848 a primeira –, se considerarmos o mundo apenas da perspectiva da Europa. Se 1968 representa uma grande reviravolta na história do sistema-mundo, seus efeitos políticos imediatos não foram suficientes para levar ao surgimento, em grande escala, de uma alternativa para o mundo bipolar. O último grande movimento europeu desse período, o movimento antimísseis do início dos anos 80, não escapou a essa polarização: de um lado manifestantes gritavam "Antes vermelhos que mortos", enquanto a maioria dos partidos social-democratas defendia, em nome do mundo livre, a instalação dos mísseis Pershing pelo exército americano.

---

[1] 1954 é a data em que a Índia, o Egito, a Iugoslávia, o Ceilão e a Indonésia convocam a conferência de Bandung e lançam o processo que culminaria com a criação do movimento dos "não-alinhados". Immanuel Wallerstein, no *Le Monde Diplomatique* do mês de agosto de 2000, narra a história dessas tentativas.

O fim do mundo bipolar vai reabrir o jogo. É a volta de situações em que a fluidez das relações de força cria brechas e interstícios oportunos para o surgimento dos espaços de liberdade. Um mundo nem pior nem melhor em si, sem nenhum determinismo pesando sobre essas bifurcações possíveis. Mas nessas situações em que as considerações políticas e as relações de força do momento são determinantes é mais difícil encontrar as referências, e os movimentos sociais e também os partidos de esquerda têm dificuldade de formular uma orientação.

Nesse sentido assistimos a uma volta à prática política do movimento operário anterior a 1945, e mesmo à Revolução Russa, quando a existência da União Soviética passa a polarizar a vida política da esquerda.

Marx apoiou a Alemanha durante a guerra de 1870 por achar que o agressor era Napoleão III e por considerar que tudo o que favorecia a unidade alemã permitiria o fortalecimento de um dos proletariados mais bem organizados da Europa. Mas o mesmo Marx apoiou imediatamente – contra Thiers e as tropas prussianas – a Comuna de Paris, resultado da derrota francesa. Isso demonstrava uma flexibilidade nas tomadas de posição que se situa nos extremos da prática política do movimento operário dos anos 1950 a 1980, sobredeterminada pela bipolarização do mundo.

Essa prática política flexível, que tinha como primeiro critério as relações de força do momento, foi a de Mao Tsé-tung e do Partido Comunista Chinês, cujas forças foram consumidas pela vitória dos nacionalistas no Jiangxi, em 1934, e pela extenuante perseguição da "Longa Marcha". O avanço japonês na China e o sentimento patriótico reinante na população e também no exército permitiram a Mao, a partir de 1935, realizar uma mudança de aliança e constituir uma "frente única antijaponesa" com os nacionalistas.

Pode parecer paradoxal pensar num mundo aberto e fluido num momento em que, talvez mais que em qualquer outro, o pensamento político e sobretudo econômico se uniformizou. Um momento em que a supremacia americana aparece sem rivalidade possível.

Essa hipótese repousa num prognóstico e numa constatação. O prognóstico se baseia nas contradições inerentes ao capitalismo. O sistema se fundamenta na concorrência, na busca permanente dos custos de produção mais baixos possíveis e também de novos mercados para escoar essa produção. O capitalismo, mais que qualquer outro sistema de produção, gera a contradição e a competição, entre empresas e também entre países. Assim, os Estados Unidos estão no auge do vigor, mas seu peso relativo na economia mundial não pára de cair: 50% do PIB mundial no pósguerra, cerca de 25% hoje e muito provavelmente 15 a 20% daqui a vinte anos.

A constatação remete aos acontecimentos recentes. Pouco mais de um ano depois da interrupção das negociações em torno do AMI (o Acordo Multilateral sobre Investimento discutido na OCDE), que também ocorreu depois de uma grande mobilização das organizações opostas à globalização liberal, o fiasco da OMC em Seattle mostrava a fragilidade do sistema. Em ambos os casos os movimentos puderam se aproveitar das contradições e divergências de interesses entre países e grupos de países. Essas vitórias mudaram radicalmente o lugar dos diversos movimentos e as responsabilidades que lhes competem. Eis um único exemplo: antes de Seattle a pergunta permanentemente feita aos líderes dos movimentos, que preparavam as mobilizações, por seus contestadores era: "O que vocês condenam na OMC?"; depois de Seattle as perguntas tratam das alternativas: "É preciso reformar a OMC?", "Que sistema comercial vocês propõem?", ou ainda: "De que instituições internacionais nós precisamos?" Perguntas que vão, por sua vez, alimentar os debates no interior dos movimentos. Evidentemente essas discussões são difíceis em razão da juventude e da fraqueza relativa das estruturas que prepararam essas mobilizações.

O caráter inédito do processo em curso

Se, como acabamos de ver, podemos nos apoiar em analogias para tentar compreender a situação atual, é preciso também levar em consideração o caráter inédito dos processos em curso.

Dez anos após a queda do muro de Berlim, os dados da nova situação começam a ser integrados pelos atores sociais. Esse prazo – que afinal foi muito curto – possibilitou o desenvolvimento de um novo ciclo de mobilizações, nacional numa primeira etapa e depois continental e mundial.

É o caso – e isso terá muitas conseqüências – dos alvos e objetivos das mobilizações, do que poderíamos chamar, ampliando o tema, a natureza do internacionalismo atual.

A forma de internacionalismo que no passado o movimento operário trouxe consigo podia ser resumida em duas idéias: compreender os outros para poder analisar as situações, se possível em escala planetária, e sobretudo desenvolver campanhas de solidariedade que faziam funcionar a relação de força global no interesse das lutas e também relações de forças locais. Gerações de militantes foram marcadas pelas campanhas contra a guerra da Argélia ou do Vietnã, em apoio à Nicarágua sandinista e ao sindicato polonês Solidarnosc. Essas campanhas foram, e sempre são, eficazes. O poder russo é muito sensível às campanhas contra a guerra que move contra a Tchetchênia; a pressão internacional teve um papel fundamental para suspender os massacres no Timor Leste ou para que Pinochet, ontem em Londres e hoje em Santiago do Chile, comece enfim a se preocupar por causa dos crimes que cometeu. Essas campanhas tiveram um impacto considerável: na derrota americana no Vietnã o número de manifestantes contra a guerra, nos Estados Unidos e também no resto do mundo, teve um papel tão importante quanto a resistência das forças vietnamitas. Mas, se a globalidade das relações de força era um fato conseguido por todos os protagonistas – os responsáveis pelas políticas americanas estavam tão obcecados pela "teoria do dominó" que viam todos os países comunistas desestabilizando seus vizinhos –, as mediações eram estritamente nacionais. Assim, se as campanhas de solidariedade podiam ter um papel importante o essencial para um militante era, apesar de tudo, lutar no seu meio. "Criar um, dois, três Vietnãs": este era para Che Guevara, ao partir para a Bolívia, o melhor apoio que ele poderia dar aos combatentes vietnamitas.

Se recuarmos um pouco mais no tempo encontraremos ações internacionais de outra natureza: campanhas internacionais por reivindicações comuns. A Internacional Socialista, a

"Segunda Internacional" criada em 1889, buscava desenvolver, no início do século XX, ações coordenadas contra a guerra que todos pressentiam. A derrota foi patente, com os partidos se alinhando atrás de seus governos.

Hoje a situação é diferente, graças ao desenvolvimento de estruturas que abrangem vários Estados e de instituições internacionais. As decisões tomadas pela União Européia com, por exemplo, o estabelecimento de concorrência para os serviços públicos, os acordos aprovados no interior da OMC, sobre agricultura ou sobre os transgênicos, e até mesmo as recomendações de um G7, estrutura "formalmente informal", como no caso do perdão condicional da dívida dos países mais pobres, podem ter conseqüências consideráveis para todos. Assim, é lógico que as mobilizações tomem como alvo essas instituições e tentem avaliar suas prioridades e decisões. Uma nova dimensão do internacionalismo está prestes a se apresentar: a ação comum, orquestrada e coordenada, para modificar a ordenação do mundo.

Essa nova dimensão está em andamento, não se encerrou. A vitória de Seattle não se explica apenas pela conjugação favorável de contradições que permitiram à "gota d'água" que foram as manifestações de rua fazer a diferença. Se, como vimos, o fim do mundo de Yalta vai reabrir o jogo, o fato de a confrontação ter ocorrido com instituições internacionais não deixa de ser significativo. Estas não têm a legitimidade nem a força de suas ambições. Para o Conselho da União Européia o peso de 30 mil manifestantes em Bruxelas, Amsterdã, Colônia ou Lisboa é maior do que o peso de 30 mil manifestantes em Paris, Berlim ou Roma para os seus respectivos governos. E isso é ainda mais válido para as instituições globais que estão realmente sob o choque do surgimento dessa "sociedade civil" que se manifesta em cada reunião ou conferência internacional.

No caso da União Européia, um elemento de explicação é dado por Yves Salesse[2]: a fraqueza da base social do projeto europeu.

---

[2] Yves Salesse desenvolve essas idéias em *Propositions pour une autre Europe*. Éditions du Félin, 1997.

A conclusão, no século XIX, da constituição das nações européias foi possível pela concomitância de um sentimento popular genuíno e de um interesse totalmente material da burguesia, que preferia um espaço unificado, sem barreiras inúteis, e um Estado forte o suficiente para poder representar seus interesses na luta pela divisão do mundo.

A constituição da União Européia se faz num contexto diferente, sem investimento real das populações nem do patronato, com a possível exceção de pequenos Estados que não podem pretender jogar uma carta autônoma no âmbito mundial ou para os quais a adesão à União Européia é a oportunidade de decolar rapidamente no plano econômico.

Num âmbito popular, a Europa é muitas vezes comparada a uma burocracia excessivamente presa às minúcias que, além disso, participa do questionamento de conquistas sociais. Quanto às grandes empresas, elas estão empenhadas em processos de fusões-aquisições que se desenvolvem no plano mundial, do tipo Daimler-Chrysler ou Renault-Nissan. Elas defendem com vigor a esfera de estabilidade representada pela União Européia, com seu mercado e sua moeda única, mas não utilizam efetivamente as instituições européias como uma ferramenta de combate na guerra econômica mundial que travam.

Os que de fato "levam" o projeto europeu são os membros dos aparelhos políticos e sindicais, os intelectuais e os administradores dos aparelhos do Estado traumatizados – e com razão – pelo balanço das guerras que assolaram o continente e contribuíram para o enfraquecimento inelutável dos antigos impérios. Uma "sociedade política", muito presente nos locais onde se toma a palavra, da mídia às campanhas eleitorais, mas com raízes sociais extremamente fracas. Essa fraqueza da base social tem conseqüências que agravam as coisas. A aliança dos social-democratas e dos democrata-cristãos em torno das questões européias, visível sobretudo no Parlamento Europeu – no qual, além disso, é de bom tom ter uma grande maioria para ser ouvido pelas outras instituições européias – produz uma cultura do consenso que anestesia qualquer debate político e tira ainda mais a legitimidade das instituições aos olhos dos cidadãos.

As instituições com vocação mundial ainda são, evidentemente, muito frágeis. Voltemos a essa questão fundamental para os movimentos que lutam contra a globalização liberal. Limitemo-nos a insistir nas dificuldades e possíveis "panes" das instituições internacionais, paralisadas pelo peso das contradições que elas precisam administrar — entre as quais a relação com o governo americano não é um dos seus problemas de menor importância.

Para os movimentos de contestação impõe-se uma primeira conclusão: nesse contexto, a regra clássica de que a defensiva é uma postura mais forte que o ataque é mais verdadeira do que nunca. Bloquear a OMC e o OCDE em suas tentativas de ampliar ainda mais os espaços dados aos mercados é uma ação mais fácil do que forçar as grandes potências a perdoar a dívida dos países do hemisfério Sul ou impor a taxa Tobin em todo o mundo. Isso não diminui absolutamente a justeza ou o interesse dessas campanhas, mas permite avaliar a tenacidade que será necessária para obter resultados.

Com isso retornamos a outra conseqüência dessa situação particular: o debate sobre o que os anglo-saxões chamam de *global governance*, que abrange as idéias de reforma das instituições internacionais, de governo mundial, justiça e direito internacional, estará constantemente nos espíritos e nas discussões. Longe de serem preocupações de utopistas sonhadores, essas questões reemergem com ímpeto renovado a cada crise e a cada conflito.

2
Atores em mudança, problemas comuns

A análise dos movimentos de contestação, de sua evolução e dos debates que os permeiam nos leva a apresentar as campanhas graças às quais eles emergiram no cenário mundial: a campanha contra a "mercantilização do mundo" na época da assembléia geral da OMC em Seattle, a campanha pela anulação da dívida dos países do Terceiro Mundo etc.

Mas é preciso, antes de mais nada, começar por outros atores: os que muitas vezes já estavam em cena antes do surgimento das lutas contra a globalização liberal e que devem reagir aos transtornos que mencionei, os sindicatos, em primeiro lugar, em seguida os outros movimentos sociais — de jovens, trabalhadores rurais, desempregados, os movimentos feministas e também as ONGs. Vou me deter sobre todos eles, mas antes é útil considerar alguns problemas e contradições que se colocam em termos semelhantes para todos esses movimentos e organizações.

O primeiro desses problemas é o que há de mais clássico: a tensão entre radicalidade e construção da relação de força de um lado e reconhecimento e negociações do outro. Não se trata, nesse caso, de voltar, num plano geral, a uma questão já exaustivamente debatida, mas de indicar o que há de novo hoje. Embora haja apenas uma coisa nova, ela é importante: Seattle, Washington ou Praga reabilitaram a idéia de que a relação de força é necessária – simplesmente porque algumas dezenas de milhares de manifestantes fizeram mais do que anos e anos de *lobby* e de negociações por parte dos sindicatos e das ONGs –, mas ao mesmo tempo a resposta das instituições ampliou os espaços e as possibilidades de negociações, pelo menos no plano formal, em torno da abertura para a "sociedade civil". Todas as pessoas que tenham participado, pelo menos uma vez na vida, de uma atividade de formação sindical conhecem bem a solução para essa contradição: a relação de força é indispensável, mas é preciso negociar para poder materializar os benefícios e as conquistas obtidos pelas lutas. Mas sabemos todos que, para além dessa evidência, a escolha das prioridades, as tradições, os interesses dos grandes aparelhos e até mesmo os dos pequenos, e a importância dada ao "reconhecimento" complicam muito as coisas. Encontraremos essa dificuldade em todas as fases da mobilização.

Mais do que sobre essa reiteração obrigatória, à qual seria necessário juntar a contradição entre a vontade democrática, o amplo envolvimento dos atores em todos os níveis das decisões e a exigência de conhecimento técnico, de "competência", eu gostaria de insistir em duas tensões que, mesmo não sendo totalmente novas, se manifestam com uma intensidade particular na situação atual:

• a relação entre a ação local ou nacional e a ação no âmbito internacional, continental ou mundial;

• a relação entre a busca da identidade, sob todas as suas formas, nela incluindo o que chamamos de "corporativismo", e a necessidade de alianças amplas no terreno das temáticas e dos setores sociais.

Local e internacional

A tensão entre o local e o internacional está apenas despontando. Hoje ela diz respeito apenas às pequenas camadas de militantes que estão no centro das mobilizações contra a globalização liberal, que se perguntam se poderão ir até Seattle, Praga ou Porto Alegre. Mas isso é apenas o começo de uma contradição que irá se desenvolver, em razão da aceleração do ritmo das mobilizações de caráter internacional — cada país, cada cidade, quer utilizar qualquer reunião dos "grandes" do mundo, por menos importante que seja, para se mobilizar –, mas também por razões mais fundamentais. Já abordei a primeira dessas razões. Trata-se do surgimento de uma nova dimensão do internacionalismo, a da ação comum para influir sobre a tomada de decisões das instituições internacionais: o G7, para a anulação da dívida dos países pobres, a OMC, em Seattle, o FMI e o Banco Mundial, em Washington e Praga. Enquanto o internacionalismo dos anos anteriores — sempre muito necessário, aliás — pretendia pesar sobre as relações de força gerais apoiando esta ou aquela luta nacional, sendo que o melhor dos apoios era abrir uma nova "frente" no próprio país, nesse caso se trata de se mobilizar, conjuntamente, num dado instante, para uma campanha que diz respeito ao mundo inteiro. Se a esse dado novo acrescentarmos os métodos de ação — os bloqueios e outros cercos de instituições cujo funcionamento queremos impedir, ou que, pelo menos, nos servem como recurso para que sejamos ouvidos por elas — compreenderemos que para muitos militantes é importante estar "onde se faz a história".

Uma segunda dificuldade se soma a essa que acabei de lembrar: a ausência, ou o caráter muito fragmentário, de um espaço público internacional ou até mesmo continental que facilitaria a efetivação de uma mobilização em escala mundial. Em escala nacional a questão se coloca em termos totalmente diferentes. Na verdade a presença física dos indivíduos não é necessária para poder ser ouvido e influir nas decisões. Quando da greve do setor público no outono de 1995, ou quando do movimento dos desempregados no inverno de 1997-1998, houve discussões para saber se se devia "ir a Paris" para uma manifestação nacional. Mas o essencial não era isso. Todos: grevistas e militantes, jornalistas, políticos, assim como o conjunto dos que aderiram a esses movimentos, dispunham de meios para avaliar a relação de força e para fazer um julgamento sobre a reação dos governos. Esses movimentos tinham as referências e os índices que permitiam estimar sua curva e seus ritmos: o bloqueio dos transportes e do correio, e sobretudo o número dos manifestantes em novembro de 1995, o número das ocupações de prédios da ASSEDIC e de ações espetaculares durante o movimento dos desempregados etc. Os responsáveis por esses movimentos estavam presentes em toda a mídia e participavam, com as autoridades governamentais e os analistas, do debate público que estava na primeira página da imprensa escrita ou audiovisual.

Tudo isso está ausente no nível internacional. Poder-se-ia considerar que nesse nível há fragmentos de espaço público, na medida em que os momentos mais importantes das mobilizações começam a esboçar um corpo de referência, o que é ainda mais válido no âmbito da União Européia, que com a sua própria construção contribui para a elaboração dessa gramática comum indispensável para a compreensão recíproca e para a ação conjunta. Mas os limites são evidentes. Esses fragmentos de espaço público não são apenas esparsos; seu próprio ângulo de visão é um problema: conformando-se à realidade das relações de força, eles clareiam um mundo com uma luz americana, na melhor das hipóteses com a luz dos países dominantes. Para amenizar essa contradição não poderemos nos satisfazer com fórmulas, embora simpáticas, do tipo "pensar globalmente, agir localmente", ou com neologismos como "glocalização". O único caminho possível é nos dedicarmos à construção dos marcos, dos pontos de referência e das tradições que nos permitirão agir em comum com o máximo de eficácia e, portanto, de visibilidade. Isso implica nos munirmos dos meios necessários a um conhecimento recíproco dos movimentos dos vários países, voltarmos a dar um amplo espaço para as lutas que vêm dos países periféricos e sobretudo construirmos um avanço visível de ações, atividades e reivindicações. Para o filósofo Jean-Marc Ferry[1], "o espaço público moderno apresenta duas estruturações simultâneas. Primeiramente uma estruturação clássica ligada ao advento dos regimes parlamentares [...] cuja coerência geralmente é contida no limite das nações. Depois uma estruturação midiática ligada ao advento das democracias de massa, ao aumento do poder da imprensa [...] das gran-

---

[1] Jean-Marc Ferry, *La Question de l'État européen*, Gallimard, Paris, 2000.

des mídias de difusão. Sob esse segundo aspecto o espaço público transcende as categorias políticas ajustadas ao princípio nacional". Para levar "a Europa cosmopolita" a avançar, Jean-Marc Ferry propõe uma "legislação européia do audiovisual" e exorta os povos da Europa a "reavaliar sua história e descentralizar sua memória". Mas essa busca passa também, talvez antes de qualquer outra coisa, por uma ação consciente que se apóia nas mobilizações internacionais. As identidades nacionais, fontes estruturadoras de todos os debates políticos, são feitas com essa memória coletiva de ações e de construções comuns. Para a França, serão a Revolução Francesa e suas conquistas, junho de 1936 e as licenças remuneradas, a Liberação e as conquistas sociais ou democráticas que a ela se seguiram, o direito de voto feminino, os serviços públicos ou o salário mínimo. Essa memória construída é um desafio das lutas atuais. Como observa o militante e filósofo Daniel Bensaïd[2], "o passado jamais está encerrado. Nunca estamos quites com ele. Ele guarda um povo de potencialidades cativas ou adormecidas [...] embaralhando as cartas da história e redistribuindo o jogo, podemos sempre aliviar da derrota os vencidos". O essencial desse trabalho de escritura, que visa apenas facilitar novas "narrações do mundo"[3], são acontecimentos cujo impacto freqüentemente é imprevisível. A partir daí, vínculos e estabelecimentos de coerência são úteis. Foi isso que os zapatistas fizeram ao organizar seus "encontros intergalácticos" depois da insurreição indígena de Chiapas. É o que fazem os militantes que, de "o Outro Davos" em janeiro de 1999 ao Fórum Social Mundial de Porto Alegre em janeiro de 2000, passando por várias manifestações e conferências, de Genebra, Praga ou Seul, tentam dar sentido ao surgimento dos movimentos de luta contra a globalização liberal.

A próxima etapa será planejar conjuntamente mobilizações de caráter internacional e permitir sua visibilidade, mesmo se todas as ações ficam no nível local. As propostas nesse sentido começam a se cristalizar, como aquela, feita por militantes sindi-

---

[2] Daniel Bensaïd, *Walter Benjamin, sentinelle messianique*, Plon, 1990.
[3] Essa fórmula foi utilizada freqüentemente pelo economista Ricardo Petrella, numa entrevista dada pouco tempo atrás ao jornal *Libération* de 22 de janeiro de 2001.

cais, de decretar uma "jornada mundial de mobilização contra a globalização liberal", um tanto à imagem do que representa – ou representou – o 1º de Maio na constituição do movimento operário ou o 8 de Março para as lutas pela libertação das mulheres. A Aliança Global dos Povos, um agrupamento de forças radicais no qual encontramos grupos como Reclaim the Streets e Ya Basta, da Itália, tenta empregar a mesma atitude.

Defesa das identidades e reivindicações de caráter universal

Outra tensão do particular para o geral é a relação entre identidade e frente ampla, que parece menos problemática para as redes combativas. É verdade que até agora o emprego de sinergias funcionou perfeitamente, com as várias frentes de luta se encontrando nas manifestações e iniciativas. O fato de as mobilizações se voltarem sobretudo para as conferências de cúpula das instituições internacionais facilitou esse encontro, podendo o questionamento de sua política ser feito em todos os níveis, do mais preciso e limitado – essa ou aquela questão ambiental ou social – até o mais geral. Mas o problema persiste, e podem ocorrer dificuldades. Alguns analistas da imprensa americana, depois de Seattle, prognosticavam um desmembramento da frente que se tinha formado contra a OMC, perguntando-se o que havia de comum entre "um defensor das tartarugas e um sindicalista da siderurgia". Era uma análise equivocada, e os meses seguintes mostraram, pelo contrário, o grande número de relações entre os diferentes movimentos. Paradoxalmente, parece-me que o risco vem, antes, de uma "globalização" demasiado rápida das reivindicações e de palavras de ordem que esquecem a necessidade de respostas específicas e de mobilizações visíveis dos vários atores sociais.

A lógica das alianças decorre, em todos os níveis, da lógica da globalização, e se impõe cada vez mais à medida que as mobilizações se desenvolvem. No plano mais geral, os atores tomam consciência da globalidade de um sistema, mesmo se este só lhes diz respeito em particular, e logo tiram disso a conclusão de que será necessário unir forças para poderem ter um peso suficiente. A essa constatação, afinal de contas bastante simples, chegam as diferentes forças. John J. Sweeney, presidente da AFL-CIO, diz, a propósito da globalização: "É uma batalha que vai se travar em todo o mundo e que durará muitos anos. Devemos reunir os sindicados, os estudantes, os ecologistas, as Igrejas"[4]. João Pedro Stedile, um dos principais dirigentes do MST, o Movimento dos Trabalhadores Sem Terra do Brasil, segue na mesma linha: "Chegamos à conclusão de que precisávamos nos abrir para outros movimentos, para os sindicatos de assalariados, os movimentos populares, as Igrejas [...] Contra o neoliberalismo queremos construir uma aliança internacional com os movimentos sociais, como as 'marchas européias contra o desemprego', os movimentos dos sem-documentos, os zapatistas e as várias lutas latinoamericanas"[5]. Poderíamos encontrar declarações semelhantes nos movimentos mais recentes como o ATTAC e as coalizões Jubileu da Dívida, ou o grupo Friends of the Earth[6], presentes em todas as manifestações e nos protestos realizados em todas as conferências de cúpula. Essa lógica das alianças começa também a se impor em níveis mais elementares. Nas empresas, onde antes os conflitos se limitavam ao antagonismo assalariados-patrões, um movimento duplo impulsiona a ampliação das linhas de frente. As transformações internas das empresas – reorganização do trabalho, deslocalizações, terceirizações, empresas em rede – fragilizam o sindicalismo e freqüentemente reduzem a eficácia das greves clássicas que visam paralisar a produção, exceção feita às profissões dos transportes e do correio e àquelas – infelizmente muito raras – que podem, pelo contrário, tirar partido da reorganização das empresas com a supressão dos estoques e a gestão *just in time* para ampliar os efeitos de uma suspensão do trabalho. Assim, os sindicatos têm interesse em multiplicar as convergências e em politizar os conflitos, termo empregado aqui no sentido de uma busca de inserção do debate no conjunto da sociedade.

---

[4] Declaração feita durante as manifestações de Seattle, citada por Jean-Marc Salmon em *Un Monde à grande vitesse*, Le Seuil, outubro de 2000.
[5] Palavras citadas pelo Autor no jornal *L'Humanité* do dia 29 de dezembro de 1999.
[6] Friends of the Earth, os Amigos da Terra, é uma organização internacional consolidada sobretudo na Grã-Bretanha e nos países do norte da Europa.

Se tomamos o exemplo francês, um grande número de conflitos recentes ilustra essa evolução: campanha dos sindicatos em conjunto com os usuários contra a privatização da France Télécom – particularmente o SUD-PTT –, greves dos professores de Seine-Saint-Denis ou de Languedoc-Roussillon pela criação de empregos com uma participação maciça dos pais de alunos etc. Essa tendência é favorecida por outro fator: a maior fragilidade das empresas às flutuações da opinião e a tudo o que diz respeito à imagem de marca. Conseqüência ao mesmo tempo da aceleração da concorrência e do aumento do papel da mídia, essa fragilidade é uma arma tanto para os assalariados dessas empresas como para os consumidores e os movimentos de defesa do meio ambiente ou dos direitos democráticos. As companhias petroleiras foram seus primeiros alvos, mas o movimento é irreversível, como mostra a campanha pelo boicote da Danone. O que é válido para as empresas é válido também para outros campos de luta, como mostra a evolução dos conflitos com os trabalhadores rurais. Esses conflitos permaneceram estritamente econômicos – em geral ligados ao valor dos produtos, em conseqüência das superproduções ou de importações – até os últimos anos, quando, graças à Confederação dos Trabalhadores Rurais na França, assistimos à ampliação das temáticas para as questões de saúde pública – transgênicos, administração de hormônios ao gado ou farinhas animais – e de defesa do ambiente. Uma ampliação que permitiu a cristalização das solidariedades manifestadas quando do processo de José Bové e de seus companheiros da Confederação dos Trabalhadores Rurais.

Mas ao mesmo tempo a globalização liberal e as reações que ela suscita legitimam os movimentos identitários, setoriais ou corporativistas. São resistências de setores inteiros da sociedade, cujo apego à defesa das identidades é tanto mais forte quanto mais eles são marginalizados, rejeitados ou esquecidos.

As lutas sociais, na Europa dos anos 80, tiveram conseqüências. Elas se desenvolveram em resposta às perdas de referências em empresas que aceleravam sua mudança e sobretudo como reação à fraqueza das alternativas propostas, tanto pelos partidos políticos como pelos sindicatos, à crise e a seus efeitos: aumento do desemprego, surgimento da precariedade e das demissões. Esses movimentos foram importantes sobretudo na Itália, com a primeira greve dos Cobas, um sindicalismo de base particularmente ativo, e na França, com o surgimento das coordenações na SNCF e depois com as enfermeiras, a partir de 1987.

Depois de Seattle, de acordo com a análise do sociólogo Jacques Capdevielle[7], "de álibi para levar a aceitar o inaceitável, para reduzir as vantagens adquiridas, a globalização liberal das trocas torna-se um catalisador das resistências e das recusas. Estigmatizada há não muito tempo, a defesa dos particularismos nacionais se vê reabilitada, se não valorizada".

Para Jacques Capdevielle, essa defesa dos particularismos tem diante de si um belo futuro: "A exacerbação das identidades e dos interesses particulares é [...] o inverso de uma cidadania universal da qual todos sentem necessidade mas que fica no campo da utopia". "As identidades e as reivindicações corporativistas, longe de corresponder a um arcaísmo, pertencem à nossa modernidade. Elas agem como um revelador de suas carências políticas e só serão ultrapassadas se estas se atenuarem". Ampliando ainda mais essas idéias, Manuel Castells[8] também julga que numa situação em que "uma crise de legitimidade esvazia de sentido e de função as instituições da era industrial" podemos ter a impressão de "assistir ao nascimento de um mundo composto exclusivamente de mercados, redes, indivíduos e organizações estratégicas". Ao mesmo tempo, "observamos também a emergência de vigorosas identidades-resistências que [...] não se limitam aos valores tradicionais". Manuel Castells acha que é dessas identidades-resistências que poderão surgir "identidades-projetos, potencialmente capazes de construir uma sociedade civil nova e, no final das contas, um novo Estado". Mas ele reconhece que isso é uma projeção que não corresponde às realidades de hoje.

---

[7] Jacques Capdevielle, Modernité du corporatisme, em *Science-Po*, fevereiro de 2000.
[8] Manuel Castells, *L'ère de l'information*, volume 3, *Le Pouvoir de l'identité*, Fayard, 1999.

Assim, o problema continua o mesmo para os movimentos de luta contra a globalização liberal. Para muitos é um problema de prática. As mobilizações recentes mostraram, aliás, uma grande aptidão para integrar no geral o particular sem com isso apagar as especificidades deste. Mas cada iniciativa exige que se levem em conta reivindicações e preocupações que poderiam desaparecer num discurso global e muito geral. Assim, em Nice, em dezembro de 2000, a mobilização por ocasião de uma conferência de cúpula da União Européia permitiu uma reunião daqueles que se mobilizam regularmente para uma outra política social na Europa, essencialmente os sindicatos, os movimentos de desempregados e os movimentos de luta contra a globalização liberal, sobretudo o ATTAC. Foi preciso que cada um se mantivesse especialmente atento para conservar, além das palavras de ordem gerais, uma base de reivindicações correspondente aos meios sociais mobilizados: as marchas européias contra o desemprego, por exemplo, organizaram um "parlamento europeu dos desempregados e trabalhadores precários" nos dias anteriores às manifestações.

Um traço comum liga essas diferentes tensões: como permitir o envolvimento real dos atores, em todos os níveis, num processo de importância considerável. Encontram-se aí, permeando problemas que podem parecer rasteiros, questões importantes como a democracia e o desejo de emancipação, assim como a busca de ferramentas políticas que permitam dar um passo no sentido da realização dessas aspirações.

3
Atores em mudança, os sindicatos

Forças e fraquezas do sindicalismo

Forças...

"O movimento sindical continua sendo o único movimento universal e democraticamente organizado, com uma capacidade de resistência notável: nenhum movimento ou instituição, fora as Igrejas, sobreviveu a duas guerras mundiais e a dois regimes totalitários de uma capacidade de destruição social sem precedente na história moderna".[1] Essa profissão de fé de Dan Gallin, antigo secretário central da União Internacional dos Trabalhadores da Alimentação, pode parecer exagerada ou demasiado lírica. No entanto ela corresponde a uma realidade que pode ser constatada pelo simples exame de dados. A Confederação Internacional dos Sindicatos Livres (CISL), produto da cisão da Federação Sindical Mundial (FSM) em 1947 sob o impulso da AFL-CIO americana e dos sindicatos social-democratas europeus, é hoje a principal organização sindical internacional, com 124 milhões de membros. Se a estes acrescentarmos os membros da Confederação Mundial

---

[1] Dan Gallin, *ATTAC contre la dictature des marchés*, La Dispute, Syllepse et VO Éditions, outubro de 1999.

do Trabalho, a central cristã, os da FSM e os dos sindicatos não filiados, chegaremos a mais de 160 milhões de membros. Nenhum movimento pode rivalizar com esses números. Na França a ATTAC, apresentada como a *success story* dos últimos anos, agrega 29 mil membros, ou seja, pouco mais de 1% dos afiliados aos sindicatos mais fracos — numericamente — da Europa. Nos Estados Unidos, a Public Citizen, organização criada por Ralph Nader nos anos 70, era talvez a mais poderosa das associações presentes em Seattle no dia 2 de dezembro de 1999. Ela reúne 16,5 milhões de membros. Mas o peso do movimento sindical não se limita a uma questão de números. O movimento sindical é, de longe, a estrutura não governamental — sempre com exceção das Igrejas — mais bem organizada. Às dezenas de membros remunerados da administração da CISL é preciso juntar os dos secretariados profissionais internacionais (SPI), que organizam no âmbito mundial os sindicatos dos grandes ramos industriais e das organizações continentais — ORIT nas Américas, OUSA na África e CES na Europa. A título de comparação, a Via Campesina, estrutura internacional que agrupa dezenas de importantes movimentos de trabalhadores rurais — entre eles a Confederação Francesa de Trabalhadores Rurais e o Movimento dos Trabalhadores Sem Terra do Brasil —, é coordenada, a partir de Honduras, por um secretariado de três pessoas, uma das quais trabalha em meio período.

...fraquezas
Mas a impressão é diferente se mudamos de perspectiva, tomando como ângulo de visão as grandes conferências que marcaram os debates internacionais destes últimos meses. Em Praga, em setembro de 2000, quando da assembléia geral do FMI e do Banco Mundial, o presidente da República Tcheca, Vaclav Havel, organizou um debate público entre os dirigentes dessas instituições financeiras e representantes da "sociedade civil". Diante de James Wolfensohn, presidente do Banco Mundial, e de Horst Koehler, diretor do FMI, estavam presentes Ann Pettifor, do Jubileu 2000 da Grã-Bretanha, Walden Bello, do Focus on the Global South, Katarina Lizhkova, uma jovem militante da associação que representou os manifestantes tchecos, além do financista

George Soros, mas nenhum sindicalista. Alguns meses antes, em Genebra, a ONU havia organizado uma "conferência de cúpula social" para tomar pé nos avanços realizados nos últimos cinco anos. Também ali se pôde assistir a vários debates e iniciativas, mas que, no essencial, ficaram circunscritos às ONGs e associações, muito embora sindicatos franceses – CGT, FSU e SUD – estivessem na manifestação de rua organizada na ocasião e a CISL tenha participado de alguns debates. Alguns meses antes, em Bangcoc, realizara-se a reunião da Conferência das Nações Unidas para o Comércio e o Desenvolvimento (a CNUSED), onde, mais uma vez, as ONGs estiveram em primeiro plano. Martin Khor, da Third World Network, interviu na assembléia geral para defender o ponto de vista das vítimas da globalização liberal, e o conjunto das autoridades, desde Michel Camdessus, que nesse evento terminava seu mandato de diretor do FMI, até Rubens Ricupero, secretário-geral da CNUSED, falaram sobre a emergência das ONGs. Não se disse uma única palavra sobre o movimento sindical.

Essa ausência de visibilidade do sindicalismo nos lugares onde os debates sobre a globalização se cristalizam é injusta. O papel do sindicalismo americano foi decisivo nos Estados Unidos. Em vários países, desde a Coréia do Sul até a França, os sindicatos desempenharam um papel impulsionador nas coalizões e estruturas militantes criadas nos últimos anos. E freqüentemente se encontram sindicalistas, ou ex-sindicalistas, entre os criadores das ONGs presentes nas mobilizações. Mas ela revela problemas profundos, que são também desafios a serem resolvidos pelo sindicalismo, tanto no plano nacional como no internacional.

Peso das especificidades nacionais
A primeira dificuldade liga-se à imbricação extremamente forte entre o sindicalismo e as leis, o regulamento e as tradições nacionais. O sindicalismo é ao mesmo tempo universal – como expressão dos assalariados no conflito capital/trabalho – e totalmente dependente das especificidades nacionais. Desde suas origens, o sindicalismo lutou para ser reconhecido e para poder ne-

gociar tudo o que diz respeito à condição dos assalariados: salários, remunerações, condições de trabalho, tempo de trabalho, organização do trabalho etc. O reconhecimento dos sindicatos e de seu poder de negociação se ajustou às diferentes formas assumidas pelas conquistas e pelos compromissos sociais aceitos nos vários países.

Nos Estados Unidos a lei Taft-Hartley revê, em 1947, a Wagner Act de 1935 e as conquistas obtidas pelos sindicatos nos anos 30. O sistema é binário: se o sindicato é reconhecido – geralmente por um voto majoritário –, então todos os assalariados são sindicalizados e o diretor da empresa é obrigado a negociar os salários ou tudo o que diz respeito ao contrato de trabalho; se não é o caso, então não há nem sindicato nem negociação, e nem mesmo direito de greve. Nessas condições, compreende-se por que os sindicatos americanos estão tão polarizados quanto ao seu reconhecimento. A ausência dos sindicatos em todos os novos setores da economia no início dos anos 90 suscitou um eletrochoque: a própria sobrevida do sindicalismo estava em questão. Essa é uma das chaves que permitem compreender a evolução da AFL-CIO, assim como o congresso de 1995 que levou ao poder John J. Sweeney.

Em vários países que estiveram sob regimes ditatoriais, como o Brasil, o México ou a Coréia do Sul, o sistema é totalmente diferente: a adesão a um sindicato é obrigatória e os sindicatos são organizados no nível local, o da empresa ou da profissão, como no Brasil. As confederações, inclusive as mais combativas, a KCTU coreana ou a CUT brasileira, são referências nacionais às quais aderem os militantes que lutam, a cada eleição, para que o sindicato local se filie a essa confederação e não a uma outra. Nesse caso o poder se situa antes de mais nada no nível local, o peso do "profissional" é considerável e a direção das confederações precisa ter uma grande envergadura – caso, por exemplo, da KCTU – para se envolver no encaminhamento das alianças no nível nacional ou internacional.

Escolhi exemplos muito diferentes dos que conhecemos na Europa, mas mesmo na eventualidade da existência de semelhança de modelos, "pequenas diferenças" podem ter conseqüências consideráveis. A França e a Espanha têm, ambas, um sindicalismo pluralista, com número reduzido de membros e representatividade advinda de um processo eleitoral. No caso da Espanha, um acordo de empresa só é válido se for assinado por sindicatos que, considerados no conjunto, são majoritários, e, ao contrário, o acordo só se aplica aos membros do sindicato minoritário que o tenham assinado. Na França um acordo é válido, e se aplica a todos, desde que seja assinado por um sindicato, mesmo sendo ele muito minoritário. Compreende-se melhor, depois dessa explicação, por que na Espanha e num contexto de lutas sociais fracas os principais sindicatos aceitaram um pacto de unidade de ação com uma linha moderada e por que na França o sindicalismo se estrutura entre um pólo mais radical que o encontrado nos outros países europeus e um pólo influenciado pelas teses patronais.

Renato Di Ruzza e Serge Le Roux[2] constatam que se, no âmbito nacional, "a solidariedade dos trabalhadores [...] passa por uma série de instituições tais como o imposto, a escola, as organizações sindicais, os comitês de empresas [...] formas concretas que se inserem naturalmente numa história longa", no âmbito internacional, apesar de o tema da solidariedade reaparecer regularmente nos discursos e textos sindicais, esta se limita a ser "afetiva e político-ideológica". Daí o constante amargor de um "capitalismo [que] sempre conheceu um funcionamento internacional, até mesmo mundial, ao passo que, pelo menos até agora, a história do movimento operário é a da impraticabilidade do internacionalismo".

No entanto, não podemos nos contentar com uma análise fundamentada no peso das estruturas e na história diferente dos compromissos sociais nacionais para explicar o fraco envolvimento do sindicalismo internacional nos lugares e nas iniciativas em que a globalização liberal é contestada. Há um problema de orientação, no fundo, das principais organizações sindicais.

---

[2] Renato Di Ruzza e Serge Le Roux, *Le syndicalisme dans la mondialisation*, Éditions de L'Atelier, Paris, 2000.

Um, ou melhor, dois problemas se entrecruzam: um remete à análise da globalização, o outro ao papel e às prerrogativas do sindicalismo.

A análise da globalização

Assim como várias autoridades políticas, muitas organizações sindicais, sobretudo na Europa, consideram que não podemos fazer mais do que acompanhar a globalização liberal, tentando corrigir seus efeitos mais nefastos. Nicole Notat[3], secretária geral da CFDT, explica: "É assim. Não se trata de uma questão de ponto de vista, de crença, de afetividade. É assim. A globalização está aí [... a globalização é] uma situação benéfica para a França, pois seu comércio exterior tem excedente". Para Nicole Notat, o risco é essencialmente de demonizar a globalização, e ela espera "que o sindicalismo não ceda a tal timidez", um risco do qual, na avaliação dela, a CISL não está isenta: "A CISL se sente de vento em popa [...] mas ainda não se mostra capaz de considerar o dado mundial, a crescente rivalidade entre países industrializados, o surgimento de novos países produtores e a situação do Terceiro Mundo e dos países em dificuldade desesperadora. No fundo ela tende a substituir o comunismo execrado pela demonização da globalização". Esse ponto de vista não é isolado no sindicalismo europeu, o que permite compreender a ausência dos sindicatos em muitas iniciativas, e em particular em Praga nas manifestações por ocasião da assembléia geral do FMI e do Banco Mundial em setembro de 2000. Contudo, o sindicalismo europeu desempenha um papel importante para o sindicalismo mundial: por seu peso numérico e estrutural, pela influência que ainda conserva entre seus homólogos das antigas possessões coloniais, mas também porque a Europa – e tudo o que dela emana – é vista, em muitas esferas militantes, como um contrapeso em face do poder americano.

As prerrogativas do sindicalismo

O outro problema de orientação diz respeito às prerrogativas do sindicalismo. Pode ser resumido dizendo-se que muitos diri-

---

[3] Nicole Notat, *Je voudrais vous dire*, Le Seuil/Calmann-Lévy, 1997.

gentes sindicais desconfiam ainda das ONGs e das associações, cuja representatividade eles julgam não estar estabelecida, considerando-se únicos detentores de uma legitimidade ligada à massa de seus membros. Quando da campanha pela anulação da dívida dos países pobres, por ocasião da reunião do G7 em Okinawa em julho de 2000, Etsuya Washio, presidente do Rengo, o principal sindicato japonês, indagado sobre os vínculos entre sindicatos e ONGs, declarou: "As ONGs são muito ativas [...] e obtêm resultados consideráveis [... mas] representam unicamente a si próprias. O sindicato, pelo contrário, é antes de mais nada uma organização que representa trabalhadores de opiniões diferentes [...] não podemos formular nossas reivindicações como fazem as ONGs e nem agir do mesmo modo que elas". Isso o levou a concluir que "os sindicatos devem ser completamente independentes quando estabelecem uma cooperação com as ONGs". Esse é um argumento que encontramos muitas vezes na boca dos dirigentes sindicais que confundem também as ONGs sem base militante — sejam elas especializadas na pesquisa intelectual ou numa atividade de interface para o apoio ao desenvolvimento ou os socorros de urgência — e os movimentos sociais, qualificados por vezes de ONG no mundo anglo-saxônico, os quais podem ser extremamente representativos: movimentos de trabalhadores rurais, de desempregados, de mulheres, ou ainda organizações ambientais de massa. O Rengo tinha, apesar de tudo, resolvido se engajar na campanha sobre a dívida da qual Etsuya Washio era um dos três presidentes, mas Etsuya admitiu "que houve uma discussão séria no Rengo sobre a natureza da cooperação com o Jubileu 2000".

Nesse caso houve contatos, pelo menos, mas sobre um outro tema, o do AMI, o contencioso ficou muito evidente. Para compreender seu contexto é preciso lembrar que o AMI (o já mencionado Acordo Multilateral sobre Investimento) era negociado no âmbito da OCDE. Essa é uma das raras instituições internacionais em que o sindicalismo é reconhecido como um parceiro, graças à Comissão Sindical Consultiva (CSC-OCDE), em que têm assento os sindicatos da CISL e da CMT, um parceiro cujo peso real é contudo muito fraco.

A negociação sobre o AMI tinha começado em 1995, mas o texto só foi amplamente divulgado em 1997 graças ao Public Citizen nos Estados Unidos e à revista *Le Monde Diplomatique* na França. Uma mobilização nacional ocorreu na França, com um forte envolvimento de intelectuais e artistas, até o momento – meados de 1998 – em que o governo francês resolveu interromper o processo.

Em carta aberta a Bill Jordan, secretário geral da CISL, escrita por ocasião do congresso mundial dessa organização ocorrido em Durban, na África do Sul, em abril de 2000, Peter Waterman[4], professor universitário inglês e ex-dirigente sindical, censurou o sindicalismo mundial por ter estado ausente dessas mobilizações.

Bill Jordan respondeu em *Focus on Trade* nº 51[5]. Ele defendeu a idéia de que não há oposição de princípio entre ação de massa e presença na mesa de negociações e que "durante todo o período que vai de 1995 a 1998 a CSC fez um grande esforço para influir na estrutura e no conteúdo das discussões, muito antes de a maioria esmagadora das ONGs ter sequer ouvido falar delas". Em seguida Bill Jordan traçou um paralelo entre o debate sobre o próprio princípio das negociações coletivas entre o patronato e os sindicatos, na aurora do movimento operário, e a discussão sobre a necessidade de negociações em escala internacional. Incidentalmente, ele deixou transparecer uma certa irritação com as ONGs: "Já perdi a conta do número de dirigentes de ONGs que reivindicaram a paternidade da morte do AMI. Se isso pode ajudá-los a vender seus livros, por que não, embora a afirmação contrarie a veracidade dos fatos".

A resposta de Bill Jordan coloca dois tipos de problema.

O mais evidente diz respeito ao comportamento – quase se poderia dizer a "tática" dos sindicatos, no caso, a CSC-OCDE –, mas o problema é mais geral. Na verdade a CSC tinha enviado o

---

[4] Peter Waterman, "An open letter to the general secretary of ICFTU", *Focus on Trade*, nº 49, abril de 2000, www.focusweb.org

[5] *Focus on Trade* é uma carta eletrônica mensal publicada por "Focus on the Global South", Université Chulalongkorm, Bagcoc, Tailândia, www.focusweb.org

dossiê às várias confederações nacionais, que nada fizeram a respeito do assunto. O AMI era, contudo, um tema muito importante, que teria dado, se tivesse tido sucesso, um poder considerável aos investidores – sobretudo as multinacionais –, um poder superior ao das instituições democráticas. Na verdade se tratava de "protegê-los" em razão do risco da adoção de leis, regulamentos ou qualquer medida limitadora – e às vezes dispendiosa – em matéria social e ambiental, assim como de medidas de proteção de produções nacionais, fossem elas econômicas ou culturais. Com tais coisas em jogo, o que se tinha de fazer em primeiro lugar era tornar público o dossiê e lançar uma campanha de opinião para tentar alertar os cidadãos dos países envolvidos quanto aos perigos encerrados por esse projeto de acordo. Foi o que fizeram, com sucesso, as associações e as ONGs[6], retomando, por sugestão de Lori Wallach, do Public Citizen nos Estados Unidos, a parábola do vampiro que mais que qualquer outra coisa teme a luz, no caso o debate público e a ampla informação da população. Os sindicatos, pelo contrário, preferiram negociações discretas, esperando talvez convencer, unicamente pela força dos argumentos, seus interlocutores patronais e governamentais. Embora inteirados – de acordo com Bill Jordan – desde 1995, não se lançou nenhuma campanha e ninguém viu a menor tomada de posição ou manifestação pública da parte de dirigentes do movimento sindical internacional ou de um de seus representantes nacionais. A censura que se pode fazer ao sindicalismo, e mais precisamente aos sindicatos que têm assento no CSC-OCDE, diz respeito a essa ausência de reação mais do que ao fato de ele ter tentado limitar os desgastes negociando uma "cláusula social" no AMI. Uma crítica que se ampliou quando, em 1998, os mesmos sindicatos não estiveram junto com as associações e ONGs que lançaram a campanha contra o AMI[7]. Volta-se a encontrar nesse caso um proble-

---

[6] Veja *Lumière sur l'AMI, le test de Dracula*, que a editora L'Esprit Frappeur publicou em 1998 por iniciativa do Observatoire de la Mondialization.

[7] Na França juntaram-se a essa campanha apenas os sindicatos do "Group des 10", o FSU e federações da CGT, particularmente a federação CGT-Finanças.

ma tradicional ligado à institucionalização do sindicalismo. Em virtude de sua presença nos vários processos de negociação que existem em escala nacional, mas também internacional ou continental, como a União Européia, os sindicatos são informados e discutem muitos textos, mas tudo isso fica no âmbito das cúpulas e dos especialistas. Jamais a opinião pública, nem mesmo a massa dos membros, é consultada ou sequer inteirada deles. Essa opacidade, esse funcionamento por delegação e freqüentemente burocrático é, numa visão mais geral, uma das causas da crise do sindicalismo.

O caso do AMI coloca também uma outra questão para o sindicalismo: a da possibilidade de "firmar contrato" e assim criar regras no plano mundial. Para Bill Jordan trata-se de uma evolução comparável à que há mais de um século permitiu o estabelecimento de negociações coletivas em vários países. Mas há uma diferença de tamanho: no âmbito nacional essas negociações são emolduradas por um conjunto de leis e se integram num conjunto de disposições que supostamente levam em conta o interesse geral. No âmbito internacional a ausência de instituições políticas que poderiam ter um papel desempenhado pelo parlamento ou pelos governos nacionais dá ao sindicalismo uma responsabilidade muito diferente. Quando o sindicalismo tiver a possibilidade de negociar, será preciso que ele faça isso levando em conta a totalidade dos problemas em jogo, e não apenas os que lhe dizem respeito no sentido estrito do termo. Imagina-se o efeito desastroso que teria a assinatura de um "bom" acordo social numa multinacional se, ao mesmo tempo, a empresa apoiasse as piores ditaduras ou devastasse o meio ambiente. Para poder levar em conta o conjunto desses dados o sindicalismo deve se abrir para os outros atores sociais. E para isso será preciso que ele torça o pescoço dessa cultura da "representatividade" que está na base da sua segurança e do seu isolamento. Impõe-se uma verdadeira ruptura, que não poderia evidentemente se limitar ao plano internacional: a crise e a renovação do sindicalismo se inserem na mudança de um sistema ou de vários níveis que se superpõem, sendo determinante para o sindicalismo o nível nacional.

Crise e renovação

A crise do sindicalismo é na verdade a crise de um modelo historicamente datado. Ele se "construiu" depois da guerra nos países desenvolvidos sobre a base da grande indústria e graças ao reconhecimento do fato sindical pelas legislações dos diversos países.

Várias análises mencionaram esse declínio, uma delas a de Manuel Castells[8]: "Para acabar com a compressão dos lucros sem precipitar a inflação as economias nacionais e as empresas privadas agem sobre o custo do trabalho desde o início dos anos 80, seja acrescentando à produtividade sem criar empregos (Europa), seja baixando a remuneração de uma pletora de novos empregos (Estados Unidos). Os sindicatos, principal obstáculo à estratégia de reestruturação unilateral, estavam então enfraquecidos por sua incapacidade de representar os novos grupos de trabalhadores (mulheres, jovens, imigrantes), de agir nos novos locais de trabalho (escritórios do setor privado, indústrias de tecnologias novas) e de se adaptar às novas formas de organização (a empresa em rede em escala mundial). Eventualmente estratégias ofensivas do poder político reforçaram as tendências histórico-estruturais de declínio dos sindicatos".

A crise do sindicalismo é para muitos uma crise de função. Intermediário, de fato ou de direito, entre a hierarquia e a força de trabalho nas grandes empresas, desde o final dos anos 70 ele sofreu um curto-circuito pela ação da administração participativa, do desenvolvimento dos órgãos de imprensa por empresa e das novas formas de controle e de associação dos assalariados aos projetos de administração. Ferramenta de negociação coletiva, tendo – entre outros – em seu ativo o aumento do poder de compra e uma certa redução das desigualdades, ele foi atingido pela individualização dos salários e do tempo de trabalho, assim como pela superação dos estatutos e pelo desenvolvimento da subcontratação. Em vinte anos o sindicalismo perdeu, nos países desenvolvidos, quase metade de seus efetivos, e sua capacidade

---

[8] Manuel Castells, *L'ère de l'information, la societé en réseaux*, vol. 1, Fayard, Paris, 1998.

de ação tende a se reduzir às suas zonas de influência tradicionais: o setor público e a indústria automobilística da região dos Grandes Lagos nos Estados Unidos, apenas o setor público na França, as grandes empresas metalúrgicas na Alemanha etc.

Em face desse declínio, as reações tomaram direções diferentes. Para alguns, o esforço se concentrou nas regras do jogo, na tentativa de favorecer, graças a medidas legislativas ou a avanços contratuais, a implantação de sindicatos e reforçar seu peso nas negociações. Mas o contexto geral em que se inserem essas tentativas não é nada favorável aos sindicatos, e os resultados ressentem-se disso. Em alguns casos, como na França e na Itália, países que conhecem um grande desenvolvimento de sindicatos combativos construídos fora das confederações, na verdade os "avanços" tinham apenas um objetivo: fortalecer o monopólio dos sindicatos estabelecidos. Na França isso se fez por meio da "lei Perben", votada pela direita mas não questionada pela esquerda, para frear o crescimento dos SUDs[9] e da FSU[10] no funcionalismo público. Na Itália regras semelhantes foram criadas para tentar limitar o peso dos Cobas[11]. As tentativas realmente inovadoras de lutar contra o declínio dos sindicatos devem ser buscadas nas práticas sindicais. De modo muito lógico, nos países onde o sindicalismo mais se enfraqueceu é que se imaginaram soluções novas. Esse é o caso, particularmente, da França e dos Estados Unidos, onde veremos que, apesar dos sistemas extremamente diferentes, as soluções escolhidas apresentam muitas semelhanças.

---

[9] O SUD foi criado em 1989 no correio e na France Télécom a partir de equipes excluídas da CFDT. Outros sindicatos retomaram a sigla e o projeto sindical depois das greves de novembro e dezembro de 1995. Veja *SUD, syndicalement incorrect*, organizado por Annick Coupé e Anne Marchand, Syllepse, 1999.

[10] A FSU nasceu em 1993 depois da exclusão de vários sindicatos pela FEN. Hoje em dia é a primeira federação sindical da educação pública.

[11] Os Cobas, "Comitês de Base", nasceram em duas ondas. Na segunda metade dos anos 80 eram, um pouco à imagem das "coordenações" na França, sindicatos do setor público surgidos das greves setoriais. Em 1992 uma segunda onda, partida da indústria, criou-se em seguida ao abandono da escala móvel dos salários pelas confederações. Veja Gigi Malabarba, *Dai Cobas al sindicato*, Datanews, 1995.

A experiência francesa

A França tem um sindicalismo duplamente dividido. O pluralismo é a regra, com cinco confederações representativas, *a priori*, de sindicatos importantes não confederados e muitos outros grupamentos interprofissionais: a CNT anarco-sindicalista, que passa por uma fase de crescimento, o "Groupe des 10" ou "Solidaires", que reúne os SUDs e os sindicatos independentes como o SNUI dos trabalhadores dos impostos ou o SNJ dos jornalistas e o UNSA, onde encontramos sindicatos autônomos como a FEN dos professores ou a FASP da polícia. A essa divisão estrutural é preciso acrescentar as regras que governam as negociações – um único sindicato signatário, mesmo muito minoritário, é suficiente para se considerar válido um acordo –, que favorecem a dispersão mais que a reunião de diferentes sindicatos. A taxa de sindicalização da França é a mais baixa do mundo industrializado – menos de 10% –, mas essa fraqueza numérica é compensada em parte por uma tradição militante que dá ao sindicalismo francês um peso real maior que o sugerido pelos números.

Nos últimos quinze anos três momentos importantes marcaram o sindicalismo francês e estruturaram seus debates.

As coordenações

É importante, antes de mais nada, falar do surgimento das coordenações na segunda metade dos anos 80.

As coordenações formam-se entre os assalariados, do mesmo modo que aquela que organizou o grande movimento estudantil universitário de 1986 contra a "Reforma Devaquet", seguindo uma tradição que existia nos movimentos universitário e secundarista desde o início dos anos 70. Tendo por função garantir a gestão dos movimentos de greve, as coordenações são criadas em setores com tradição sindical bem diferente. Entre as enfermeiras, elas permitiram a um pessoal feminino sem grande tradição de lutas fazer valer sua identidade profissional e suas reivindicações específicas. Entre os maquinistas de trem da SNCF, setor, pelo contrário, muito sindicalizado e sempre presente nos conflitos sociais, elas permitiram superar a divisão sindical. Essas coordenações revelaram as fraquezas do sindicalismo. Este foi inicialmente marcado por uma combatividade muito tímida: no começo dos anos 80 os sindicatos tiveram uma atitude muito moderada em sua relação com o governo de esquerda. Depois, sua divisão dificultava a ação comum. Por fim, os sindicatos não souberam levar sempre em conta a especificidade de algumas identidades profissionais. Contudo, num nível mais geral, as coordenações possibilitaram uma profunda democratização da gestão dos movimentos sociais. Até os anos 70 eram os sindicatos — na verdade os aparelhos sindicais — que se encarregavam da organização dos conflitos, desde a convocação para a greve até a volta ao trabalho. Em 1968 o surgimento das organizações de extrema esquerda e de preocupações novas permitiu introduzir um primeiro vento de liberdade; as assembléias gerais de assalariados não eram mais simples câmaras de registro, mas verdadeiramente um lugar de debates e confrontos. Porém, a gestão dos conflitos nacionais continuava a ser da competência estrita dos aparelhos federais ou confederativos. Em 1988, quando do conflito das enfermeiras, Michel Rocard, na época primeiro-ministro, recebeu a coordenação e negociou com ela. Se isso não ocorreu de modo idêntico com as outras coordenações, o choque foi grande: os sindicatos precisaram definir sua posição em face das coordenações e sobretudo tiveram de levar em conta a vontade democrática dos assalariados, sob pena de perder mais influência no mundo do trabalho.

Os novos sindicatos

Outro momento importante para o sindicalismo francês foi a criação de novos sindicatos em sintonia com as coordenações e a vontade democrática que elas manifestavam. A criação do SUD nos correios e de seu homólogo na saúde, o CRC, resulta diretamente do debate que se seguiu ao surgimento das coordenações. Se a CGT, apesar de na época ter uma cultura centralista, aceitou as coordenações, isso foi bem mais difícil na CFDT. A confederação decidiu acabar rapidamente com essa experiência e se empenhou em procedimentos disciplinares contra os militantes empenhados nas coordenações, sobretudo os da saúde e dos correios da região parisiense.

O surgimento desses novos sindicatos não aconteceu espontaneamente, inclusive no que diz respeito aos militantes da esquerda sindical. Nos anos 70 tinha havido algumas tentativas de criar novos sindicatos a partir de equipes excluídas da CGT ou da CFDT, mas sua duração foi curta. Elas na verdade ocorreram por não se ter compreendido que a situação era totalmente diferente. Primeiro porque a experiência das coordenações tinha revelado a amplitude do sentimento democrático e o desgaste das velhas práticas sindicais baseadas na delegação de poder e no respeito às hierarquias. Depois porque o desmoronamento da União Soviética e a experiência de dez anos de governo dos partidos de esquerda tinham alterado as relações entre os sindicatos e as várias correntes políticas. A partir de então os assalariados esperavam dos sindicatos, antes de mais nada, que eles fossem instrumentos eficazes da defesa de seus interesses. Depois disso eles prezavam acima de tudo a independência dos sindicatos em relação aos partidos e ao governo.

O sucesso do CRC na região parisiense, e sobretudo do SUD, que em dez anos viu sua influência passar de 6% para mais de 28% na France Télécom e de 4,5% para 24% no correio, foi a prova concreta de que essa conduta era possível. Esses exemplos foram seguidos em 1993 na educação pública, onde se criou o FSU a partir dos sindicatos e das equipes excluídas pela direção da FEN – que acreditava ser possível, depois da queda da União Soviética, se livrar de suas correntes de esquerda, fossem elas historicamente ligadas ao Partido Comunista ou à extrema esquerda – e posteriormente em várias profissões em que os SUDs foram criados a partir de 1996, depois das greves de novembro e dezembro de 1995.

O sucesso desses sindicatos se explica antes de mais nada por suas condutas usuais. Os membros remunerados do aparelho são reduzidos ao mínimo indispensável, lançando-se mão com a maior freqüência possível do trabalho em meio período, a fim de possibilitar aos militantes que se mantenham em contato com os serviços ou os centros de produção; mandatos de duração limitada; um funcionamento que privilegia sempre a palavra e o poder de decisão das instâncias de base, seja no sindicato ou com a totalidade dos assalariados, sempre que eclode um conflito etc.

Essa renovação, essa "criação de recursos" do sindicalismo, também se manifestou pela preocupação de disputar com a direção das empresas ou com o governo o monopólio do conhecimento técnico e da visão estratégica. A FSU se instalou nos debates pedagógicos e nas discussões sobre o futuro da escola; o SUD-PTT fez uma análise crítica fundamentada na evolução das telecomunicações ou do correio: em todas as ocasiões as propostas das direções eram comunicadas ao pessoal acompanhadas do comentário e das respostas do sindicato. Com isso as estratégias sindicais se enriqueceram com uma visão mais global em que não mais se privilegiava simplesmente a relação de força patrão-assalariados; nela os consumidores e os usuários eram convocados a dar sua opinião e a participar das lutas.

Contudo não se deve mitificar as contribuições desses novos sindicatos.

As evoluções atingiram todos os componentes do sindicalismo, e o trabalho de renovação não se limitou aos sindicatos novos. Seu trunfo é ter podido integrar mais rapidamente, e talvez mais profundamente, as novas aspirações dos assalariados e se adaptar às novas formas de luta. A perenidade e o crescimento dos SUDs, dos outros sindicatos do "Groupe des 10" e do FSU também agiram favoravelmente na duração do trabalho de renovação do sindicalismo. As coordenações tinham sido um choque brutal para os sindicatos, mas sua existência foi efêmera. Os novos sindicatos permitiram projetar para o longo prazo aspirações semelhantes e a concorrência criada acelerou a evolução do conjunto do mundo sindical.

Se a renovação do sindicalismo francês lhe permitiu adaptar-se às evoluções do capitalismo, inventando sobretudo formas de ação e princípios de funcionamento mais flexíveis que voltarão a ser observados nos movimentos de luta contra a globalização liberal, suas próprias bases limitaram seu alcance.

O sindicalismo francês se implantou primeiramente nos serviços públicos: correio, telecomunicações, transportes, saúde, educação etc., e os novos sindicatos não escaparam a essa lei

Atores em mudança, os sindicatos 119

comum. Se isso lhes deu um "poder de fogo" – graças aos meios sindicais – extremamente útil para sustentar outras lutas, por outro lado complicou suas relações com o resto dos assalariados e do movimento social. Nas empresas públicas o pessoal é funcionário ou então tem estatutos específicos, em geral muito protetores. Nessas empresas os sindicatos têm um funcionamento nacional bastante centralizado, o que é obrigatório para organizar uma reação adequada aos projetos das direções. Tudo isso tornou impossível uma osmose natural com as lutas das outras categorias de assalariados. Assim, foi preciso inovar e encontrar caminhos originais. Foi isso que se fez durante os anos 90. Nessa década, com a participação e o apoio a outros movimentos sociais, o sindicalismo francês se iniciou num funcionamento em rede que encontraremos por toda parte, alguns anos mais tarde, no plano internacional.

Sindicatos e movimentos sociais

O ano de 1994 foi marcado por dois acontecimentos que assinalaram o início de profundas modificações nas relações entre os sindicatos e os outros movimentos sociais.

Primeiro, no mês de fevereiro, o movimento de oposição dos estudantes universitários ao projeto do CIP (Contrato de Inserção Profissional), que, sob o pretexto de lutar contra o desemprego dos jovens, introduziu uma brecha no salário mínimo criando um "sub-SMIC"*, um salário inferior para os jovens. Esse movimento era inicialmente um movimento de universitários do Institute Universitaire de Technologie, instituição de ensino superior curto com vocação profissional. Por causa dessa característica ele interessava particularmente aos sindicatos de assalariados que viam assim se mobilizar os futuros técnicos e quadros médios. O movimento foi importante não apenas por ter sido vitorioso, desencadeando uma série de lutas cujo apogeu foi a greve geral dos serviços públicos do inverno de 1995, mas também pelo modo novo como foi gerado. Os universitários haviam se organizado em as-

---

* SMIC: salário mínimo interprofissional de crescimento, vigente na França. Varia em função do índice de preços e da taxa de crescimento. (N. T.)

sembléias gerais do Institute Universitaire de Technologie e em coordenações, mas estas tinham uma representatividade limitada. Por isso, mas também porque todo mundo percebia bem que o que estava em jogo (o salário mínimo, que novamente vinha sendo questionado) transcendia os universitários, a direção real do movimento era uma estrutura flexível, com funcionamento original. Reunia os sindicatos de universitários, as UNEFs, vários sindicatos de assalariados, do SUD-PTT até o FSU, passando por federações da CFDT, a CGT e organizações políticas da juventude. Essa estrutura, de funcionamento cotidiano, impulsionava a luta preparando as manifestações e as fases fortes do movimento, mas fazia-o respeitando a identidade de cada um dos seus parceiros, sem impor a lei da relação de forças. Era algo novo para os sindicatos, e particularmente para a CGT, que viveram, numa luta de tanta importância, sua primeira experiência de funcionamento "em rede".

Ainda mais inovador — mesmo não tendo essa experiência atingido senão uma parte limitada do sindicalismo — foi o lançamento da AC! (*Agir ensemble contre le chômage*, ou seja: Agir conjuntamente contra o desemprego). Em face de um desemprego em massa, que explodiu de fato em 1992 e 1993, era preciso criar uma estrutura original que permitisse a ação conjunta de desempregados, assalariados, intelectuais e militantes de todas as origens com um objetivo comum: a luta contra o desemprego, "a abolição do desemprego", como na época se dizia. A AC! foi criada no final de 1993, mas seu lançamento real ocorreu na primavera de 1994, por ocasião das grandes "marchas contra o desemprego" que durante um mês e meio pontilharam a França. As práticas eram novas: as marchas, desde 1994, depois as "requisições de empresas" e as ocupações da ASSEDIC e da ANPE alguns anos mais tarde.

Esse movimento marcou uma dupla ruptura para o sindicalismo.

Cumpre inicialmente aceitar que os desempregados possam se organizar numa estrutura particular, fora das confederações sindicais, mesmo se, desde o início da AC!, alguns sindicatos tenham atuado conjuntamente e o princípio da complementaridade, da solidariedade entre ações de desempregados e assalariados já estivesse estabelecido. Devido a suas características (divisões, presença essencialmente no setor público), o sindicalismo francês era pouco atraente para os desempregados, que só se organizavam depois de um longo período sem trabalho. Por isso foi preciso imaginar uma estrutura nova e específica.

A segunda inovação foi o funcionamento em rede, que retomava, a longo prazo, o que havia ocorrido durante a greve contra o CIP. Tratava-se, mais exatamente, no caso da AC!, de um funcionamento misto que mesclava coletivos locais, sindicatos de assalariados ("Groupe des 10" e esquerda CFDT), trabalhadores rurais, associações de luta contra a exclusão (DAL) e desempregados. Mas, muito rapidamente, esses últimos tornaram-se a grande maioria nos coletivos locais.

Esses princípios de organização – estruturas específicas para um meio social, mas funcionando em complementaridade com as outras, particularmente os sindicatos – voltariam a ser encontrados em vários movimentos sociais durante os anos 90. Foi o caso da rede de defesa dos direitos das mulheres, que a partir de 27 de novembro de 1995, quando elas reuniram quase 40 mil pessoas nas ruas, relançou um processo de mobilização. Os sem-documentos foram sustentados pelo mesmo tipo de estrutura ampla e a greve de novembro e dezembro de 1995, ela própria, permitiu associar outros componentes além dos sindicatos de serviços públicos: as associações estavam presentes nas manifestações, e a composição dos cabeças de passeatas patenteava essa diversidade.

É essa experiência acumulada que permitiu, na França talvez mais que em outros países europeus, integrar os sindicatos aos movimentos de luta contra a globalização liberal. Encontramos estruturas sindicais na coordenação criada para mobilizar contra o AMI e, depois, no momento da assembléia geral da OMC. Três confederações, a CGT a CFDT e a CFTC, participaram do coletivo para a anulação da dívida dos países do Terceiro Mundo. Enfim, vários sindicatos, desde a CGT à FSU, passando pelo "Groupe des 10" e diversas federações CFDT, estavam entre os membros fundadores do ATTAC, desde o início do ano de 1998. Essa presença sindical nesses movimentos, como, mais globalmente, essa inserção do sindicalismo em toda uma série de redes que agem em âmbito nacional ou internacional, não está contudo definitivamente estabelecida. No sindicalismo europeu o debate em torno da globalização é sempre atual, e nada garante que uma evolução para a direita, com a aceitação efetiva das regras fixadas pelos mercados mundiais e pelas principais instituições internacionais, não se imponha nas principais confederações.

O sindicalismo nos Estados Unidos

Do mesmo modo, nos Estados Unidos elementos de renovação surgiram desde o final dos anos 80, sendo a manifestação mais nítida dessa evolução a vitória da equipe de John J. Sweeney no congresso de 1995 da confederação AFL-CIO.

Jobs with Justice

Em dezembro de 1986 vários acontecimentos em Detroit, a cidade que orienta todo o sindicalismo americano, levaram dez sindicatos nacionais, entre os quais o CWA, impulsionado por Larry Cohen[12], a criar um novo movimento para a defesa dos direitos dos trabalhadores. Esse movimento se chamaria Jobs with Justice[13]. Era preciso antes de mais nada permitir a sindicalização dos assalariados das novas companhias de telecomunicações nascidas depois do fim do monopólio e do desmembramento da ATT, a companhia de telefonia americana. Impunha-se, no caso, a luta pela criação do primeiro desses sindicatos na MCI – a principal concorrente da ATT – em Detroit. Na mesma ocasião, o gigante da indústria automobilística americana, a General Motors, anunciou o fechamento de uma fábrica na região porque estava inaugurando uma unidade no México.

---

[12] O CWA (Communications Workers of America), do qual Larry Cohen é vice-presidente. Em *Le syndicalisme dans la mondialisation*, Larry Cohen descreve, com Steve Early, a estratégia internacional de seu sindicato nos anos 90.

[13] Entrevista com Andy Banks, que foi um dos dirigentes desse movimento e que hoje está no centro de pesquisas da AFL-CIO, o George Meany Institute.

Enfim, sempre na mesma cidade, um empreendedor imobiliário decidiu enfrentar os sindicatos de sua empresa para tentar impor uma redução de salários.

O sindicalismo americano sempre se baseou em grandes sindicatos nacionais; não tinha estruturas locais que permitissem fazer funcionar a solidariedade de uma profissão a outra quando de um conflito social. Para atenuar essa falha esses sindicatos decidiram construir uma nova ferramenta. O nome do movimento foi escolhido depois de discussões entre trabalhadores negros desempregados e o reverendo Jesse Jackson, candidato progressista à candidatura democrata para a eleição presidencial. Esses trabalhadores insistiam na necessidade de encontrar um emprego, e a isso Jesse Jackson lhes respondeu: "Querem saber? Um trabalho, todo mundo pode ter, os escravos também tinham um trabalho. O que vocês precisam *mesmo* é de um trabalho com remuneração decente e com condições aceitáveis, vocês precisam de *jobs with justice*". A primeira coordenação do Jobs with Justice[14] se estabeleceu seis meses depois, em junho de 1987, depois de uma manifestação que reuniu mais de 10 mil pessoas para protestar contra as medidas tomadas com relação a seus assalariados pela companhia aérea Eastern Airlines, a atitude racista do prefeito de Miami e o início de uma política de subcontratação na ATT.

Muito rapidamente o papel do Jobs with Justice superou a simples solidariedade interprofissional. O movimento foi um traço de união com outros setores sociais, desempregados e sobretudo jovens e militantes universitários. Seu atual presidente, Fred Azcarate, é também ex-dirigente de movimentos de estudantes universitários.

O Teamsters

Se nos Estados Unidos a renovação do sindicalismo se manifestou por essa abertura interprofissional e pela ligação com os outros movimentos sociais, a renovação interna ao sindi-

---

[14] Sobre a origem do Jobs with Justice, veja Jeremy Bretcher e Tim Costello, *Building bridges. The emerging grassroots coalition of labor and community*, Hardcover, 1990.

calismo teve bem cedo um papel importante. Em 1991 o principal sindicato americano, o Teamsters, cuja direção tinha sido dominada pela velha guarda reacionária e por setores da máfia, se moveu para a esquerda com a eleição de Ron Carey. Kim Moody[15] observa que a direção eleita em 1991 e reeleita em 1996 foi "em toda a história do sindicalismo a mais diversificada no plano racial e a que incluiu mais mulheres. Essa direção também integrou membros do movimento de base, o Teamsters for a Democratic Union, que se batiam havia vinte anos por uma democratização do sindicato, assim como muitos militantes sintonizados com as preocupações dos assalariados". Essa evolução do Teamsters teve conseqüências positivas nos conflitos sociais. A mais simbólica foi a greve na UPS, uma empresa de entregas expressas (de urgência, porque o correio americano não tem os meios de seus congêneres europeus), que tinha por objeto a redução da precariedade e a contratação em "empregos verdadeiros" de dezenas de milhares de assalariados em tempo parcial e contratos temporários.

No entanto, os acontecimentos posteriores no Teamsters mostram a existência de problemas não resolvidos e de contradições ainda importantes. Ron Carey foi acusado de ter financiado ilegalmente a campanha eleitoral do Partido Democrata e precisou passar o cargo a James Hoffa, filho do ex-dirigente ligado à máfia e representante da velha guarda do sindicato. Essa mudança na direção, que se explica também por conflitos corporativistas − os caminhoneiros achavam que a equipe de Ron Carey os estava ignorando −, mostra apesar de tudo os limites da reviravolta democrática, embora James Hoffa tenha tido de continuar adotando uma orientação combativa: por isso o Teamsters é em Seattle um sindicato com um número muito grande de membros.

O congresso de 1995 da AFL-CIO

A reviravolta mais importante para o sindicalismo americano ocorreu em 1995, quando da vitória da equipe de John J.

---

[15] Kim Moody, *Workers in a lean world*. Verso, Londres-Nova York, 1997.

Sweeney[16], durante o congresso da confederação AFL-CIO. Essa reviravolta se explica pela ausência de combatividade e de visibilidade da direção do sindicato na primeira metade da década de 1990, num momento em que isso teria sido indispensável: "A insatisfação que os dirigentes de muitos sindicatos em fase de crescimento rápido experimentavam em relação à direção confederada aumentou em 1993 e 1994 [...] tínhamos sofrido derrotas no NAFTA[17][...] mas estávamos particularmente preocupados por ocasião das eleições de novembro de 1994, quando os republicanos, que queriam um retrocesso depois de sessenta anos de progresso social, conseguiram maioria nas duas câmaras do Congresso. Os trabalhadores americanos estavam num ponto crítico – com os cortes de emprego nas grandes empresas, a estagnação do poder de compra, o declínio dos sindicatos e, para culminar, nossos maiores inimigos controlando o Congresso. Esperávamos da direção da AFL-CIO que ela elevasse a voz e tocasse a sirene, mas o silêncio foi ensurdecedor". A vitória de John J. Sweeney foi resultado da evolução do sindicalismo – os dez sindicatos que estavam na origem do Jobs with Justice tiveram um papel importante em 1995 – e da evolução mais democrática dos grandes sindicatos que tinham passado por uma mudança de direção alguns anos antes.

Não se deve, claro, mitificar a reviravolta de 1995: Kim Moody[18] observa que "os novos dirigentes da AFL-CIO estão apegados a uma ideologia ainda fundamentada na moda da 'parceria social'. Um dia eles podem anunciar ao mundo que vão organizar os que nunca foram organizados e desafiar 'a empresa Estados Unidos'. No dia seguinte eles podem se dirigir aos homens de negócios e defender a cooperação". Na categoria dos desacordos e dos problemas em debate é preciso acrescentar à observação de Kim Moody o risco de tentações nacionalistas, sempre muito fortes no sindicalismo americano, sobretudo num momento em que

---

[16] John J. Sweeney, *America needs a raise*, Houghton Fifflin Company, Boston-Nova York, 1996.
[17] A AFL-CIO se opôs ao NAFTA, o Acordo de Livre Comércio da América do Norte, que instaurou um mercado livre entre o México, os Estados Unidos e o Canadá.
[18] Kim Moody, *Workers in a lean world*, op. cit.

as exportações dos Estados Unidos continuam muito inferiores às importações.

Mas a mudança do sindicalismo americano é real. Procurando encontrar o vínculo com todas as categorias de assalariados que continuam fora da influência tradicional dos sindicatos, estes evoluem em sua capacidade de construir alianças e de se ligar ao mundo das associações e das ONGs, assim como as suas reivindicações. É o caso, por exemplo, das reivindicações relativas aos imigrantes ilegais: no início do ano 2000 a AFL-CIO, impelida pelos contatos com os imigrantes que ela procura organizar, modificou sua posição pedindo a regularização de todos os assalariados em situação ilegal.

O Steelworkers

Um último exemplo permitirá medir o que está em jogo, pelo menos na parte mais ativa do sindicalismo americano. Os trabalhadores da indústria siderúrgica (*steelworkers*) estiveram presentes em todas as manifestações, de Seattle a Washington. Um dos dirigentes de seu sindicato, Don Kegley[19], tinha um grande orgulho desse engajamento, da mesma forma como se orgulhava de ser acusado de "esquerdista do sindicalismo" ou de ser o único sindicato a ter um de seus membros preso quando da "luta em Seattle". Contudo esse posicionamento à esquerda não impediu o Steelworkers de participar com o Teamsters de James Hoffa de uma manifestação radicalmente antichinesa, por ocasião dos protestos de abril de 2000, no momento em que a China estava entrando na OMC. A abertura desse sindicato e sua estratégia de aliança não passam de conjeturas. Quando de sua convenção do dia 17 de julho de 2000, o Steelworkers, por proposta de Don Kegley, adotou uma resolução que se intitula "Estender os braços para construir um movimento pela justiça social"[20]. Essa resolução afirma: "Ampliando tais alianças, é também importante ver o trabalho que desenvolvemos com nossos aliados no contexto ge-

---

[19] Entrevista do autor.
[20] Relatório nº 40 da OWC, Open World Confererence, www. owcinfo.org

ral dos compromissos assumidos para uma mudança progressista no plano político [...] O argumento que justifica a formação dessas alianças estratégicas se resume a uma declaração: não podemos ganhar sozinhos todas as batalhas [contra as multinacionais e a globalização]. Somos um movimento, não uma simples organização. Ao longo de sua história, o movimento operário proclamou corajosamente que um ataque contra um único de nós era um ataque contra todos nós. Criando tais alianças estratégicas faremos reviver essas palavras".

Percebe-se que as tradições políticas e sindicais americanas são muito diferentes das existentes na França. Pelo menos em três aspectos, contudo, o sindicalismo desses dois países teve uma evolução semelhante: uma retomada das greves e dos movimentos sociais, um movimento de democratização dos sindicatos em contato direto com as estruturas de base e uma estratégia de alianças que permitiu construir relações de força amplas e inserir o sindicalismo nas lutas de alcance muito geral, sobretudo as dirigidas contra a "globalização liberal".

Esses traços são encontrados em outros países desenvolvidos, embora esses dois exemplos tenham sido escolhidos por terem sido os que inovaram: não por acaso as manifestações mais importantes por ocasião da assembléia geral da OMC, no final de novembro de 1999 — no que diz respeito aos países do hemisfério Norte –, ocorreram na França e nos Estados Unidos.

Eu poderia ter dado como exemplo países do hemisfério Sul, mas provavelmente isso seria menos significativo. Não porque os movimentos seriam ali menos importantes: os movimentos de massa mais numerosos e talvez mais políticos, no sentido mais global do termo, ocorreram no hemisfério Sul, no Brasil, por exemplo, com o Movimento dos Trabalhadores Sem Terra, ou no Equador, com o Movimento de Defesa das Nações Indígenas, a CONAIE e os movimentos de trabalhadores rurais. Mas sim devido ao fato de o sindicalismo de assalariados não ter um papel tão importante quanto nos países desenvolvidos. As estruturas sociais dos países do hemisfério Sul são bem diferentes, com um peso muito maior dos trabalhadores rurais e dos trabalhadores do setor dito "informal". Quando existem movimentos de massa muito vigorosos, eles freqüentemente são impulsionados por organizações saídas desses meios, em geral os mais pobres e mais desfavorecidos. Irei um pouco mais longe, com outro exemplo tirado de um país intermediário entre o mundo desenvolvido e o mundo em desenvolvimento, a Coréia do Sul e seu sindicalismo combativo representado pela KCTU. A KCTU, como a COSATU da África do Sul ou a CUT do Brasil, organizações que trabalham conjuntamente no plano internacional, enfrenta hoje dificuldades de orientação. Mas nas condutas desses três sindicatos encontramos os elementos de uma renovação que poderia ser benéfica para o sindicalismo como um todo.

A ação internacional do sindicalismo

Já é hora de nos voltarmos para a ação do sindicalismo no plano internacional, tentando ver se os elementos de renovação observados nas situações nacionais podem ajudar a definir orientações e práticas eficazes.

As fusões e os agrupamentos de sindicatos

Algumas palavras, antes de mais nada, sobre as fusões e os agrupamentos de federações sindicais, solução freqüentemente empregada, no plano nacional e também no internacional, para contornar a crise do sindicalismo. O fenômeno é geral: na Alemanha, vários sindicatos de empregados acabam de se agrupar para criar o Vendi, um sindicato ainda mais forte que o IG Metall. Na Grã-Bretanha os funcionários do correio e das telecomunicações se reuniram na CWU (Communication Workers Union). No plano internacional a federação mundial dos PTT, IPTT fez uma dupla fusão no espaço de alguns anos: com as profissões dos trabalhadores da mídia, para criar a IC, a "Internacional da Comunicação", e depois com a federação dos bancos, para criar a UNI. Esse movimento de fusão e de aproximações é saudado por vários analistas, que constatam as dificuldades resultantes da coabitação da CISL, dos secretariados profissionais internacionais – as estruturas, por função, mais próximas das lutas dos assalariados – e das estruturas regionais como a CES na Europa ou especializadas como a CSC-OCDE. Rebecca Gumbrell-McCormick[21], retomando as recomendações de Edo Fimmen, dirigente, antes da guerra, da Internacional dos Trabalhadores dos Transportes, preconiza também uma aproximação e uma recomposição entre as várias estruturas internacionais. Dan Gallin[22] vai ainda mais longe: "Para criar um movimento sindical internacional digno desse nome será preciso não apenas fundir as organizações existentes mas também centralizar ao máximo os recursos e a capacidade de ação, descentralizando os locais em que a política da organização toma forma. Não se trata simplesmente de 'cooperar para além das fronteiras', mas de criar organizações integradas que ignoram as fronteiras".

Essas soluções vão ao encontro dos fins perseguidos. Como acontece freqüentemente na indústria, essas fusões são uma prova de fraqueza. Trata-se simplesmente de rentabilizar o aparelho sindical, de cortar as despesas gerais e de garantir um peso maior nas estruturas profissionais. Como se pode garantir uma democracia sindical melhor e uma prática mais próxima da base, como espera Dan Gallin, no interior dessas estruturas em que os centros de poder se distanciam ainda mais dos membros?

Ações concentradas nas empresas

Um pequeno exemplo recente mostra que outro caminho é possível.

A Amazon.com é uma das empresas mais conhecidas da "nova economia". Primeira empresa de comércio eletrônico, inicialmente trabalhando com livros e CDs, e hoje em dia com vários artigos, a Amazon.com é uma empresa americana sediada em Seattle mas que tem entrepostos em todo o território americano, na Austrália, na Grã-Bretanha, na Alemanha, na Holanda e na França. Assalariados americanos da empresa tentaram criar um sindicato para fazer reivindicações urgentes: descanso nos feriados, horas extras

---

[21] Rebecca Gumbrell-McCormick, em *Les Temps Modernes*, nº 607, janeiro-fevereiro de 2000, op. cit.
[22] Dan Gallin, *ATTAC contre la dictature des marchés*, op. cit.

não obrigatórias e pagas em dobro acima de 50 horas semanais, extensão do direito à assistência médica e à aposentadoria – os benefícios dos assalariados americanos – a todos os assalariados, suspensão das remunerações na forma de opções de ações etc. Para conseguir implantar o sindicato, pôs-se em ação um plano de luta. Os pontos nevrálgicos da empresa são os entrepostos e o final do ano. Assim, no Natal de 1999 os atrasos nas entregas deixaram os clientes irritados. Uma ofensiva limitada ao território americano teria sido sem dúvida um fiasco. Lançou-se nessa campanha o grupo de *organizers*[23] independentes, o Prewitt Organizing Fund, que trabalha com as estruturas da AFL-CIO e se propõe por missão o desenvolvimento de novos sindicatos nas empresas americanas. Dois desses militantes viajaram para a Europa e visitaram os sindicatos que tinham probabilidade de ajudá-los. Na França, o SUD-PTT respondeu ao pedido e organizou uma distribuição de panfletos na sucursal da Amazon.com no momento exato em que os militantes americanos intervinham em todos os entrepostos e pediam à direção para abrir negociações sobre a base da relação de força assim criada: estava provado que os sindicatos podiam agir no mundo inteiro. Toda essa operação foi extremamente mediatizada, na França como nos Estados Unidos, e várias associações pediram o boicote das compras na Amazon.com, uma vez que o sindicato não era autorizado.

Esse exemplo é interessante, pois nada foi feito pelos canais "normais". O revezamento das associações e a divulgação na mídia – de certo modo exagerados para o que efetivamente foi feito: uma simples distribuição de panfletos! – mostram que uma visão ampla das relações de força, que inclui a aliança com outras forças além dos sindicatos, pode valer a pena. Quanto ao apoio sindical internacional, ele se deu fora de todas as estruturas oficiais, CISL ou SPI – aliás não se sabia com certeza qual delas estava

---

[23] Literalmente, "organizador"; trata-se do recrutador, uma figura clássica do sindicalismo americano, assim como os *wobblies*, os agitadores dos IWW, International Workers of the World, do início do século XX. Veja Daniel Guérin, *Le mouvement ouvrier aux États-Unis*, Maspero, 1968.

habilitada a intervir –, a única exigência do Prewit Organizing Fund era a eficácia. Esse exemplo não pode evidentemente ser reproduzido de modo idêntico: nem todo mundo tem a "chance" de trabalhar em setores da nova economia, e para uma grande quantidade de empresas é preciso começar obstinadamente pela sindicalização na base antes de qualquer outra conduta.

Mas um outro exemplo, ainda mais recente, ilustra a renovação dessas práticas sindicais. É o caso dos trabalhadores coreanos da Daewo, demitidos da empresa quando seu patrão, Kim Woo-Chong, fugiu levando consigo milhares de dólares que deveriam ter outro destino. Começou então na Coréia do Sul uma greve difícil, impulsionada pela KCTU, e criou-se um comitê de amplo apoio. Este resolveu, em fevereiro de 2001, enviar uma delegação para a França, último país onde Kim Woo-Choong havia sido visto. Uma vez lá, a acolhida dada à delegação e as viagens feitas no país – encontros com sindicatos, reunião com a Interpol, em Lyon, "visita" à requintada residência de Kim Woo-Chong em Nice – foram organizadas por uma frente bizarra da qual faziam parte o ATTAC, o SUD-PTT e a CGT. Embora não tenham encontrado seu patrão, os operários tiveram uma cobertura de imprensa excepcional com grande repercussão, o que os ajudou em sua luta. E, como no exemplo da Amazon.com, viu-se que vínculos de solidariedade direta, forjados pelos contatos feitos entre militantes por ocasião das iniciativas internacionais contra a globalização liberal, funcionaram de modo mais eficaz que os canais normais do sindicalismo internacional.

Esses exemplos mostram bem que o primeiro local de uma ação sindical internacional é a empresa. As primeiras tentativas de organização na escala dos grupos ocorreram nos anos 60 e 70, mas se limitaram aos sindicatos membros da CISL. Hoje seria conveniente retomar essa empreitada, ampliando-a para todos os sindicatos e começando por colocar em ação a solidariedade entre os assalariados de um mesmo grupo ou de um mesmo setor de atividade, se este for bem delimitado, para permitir aos assalariados encontrar suas referências e trocar experiências a partir de realidades concretas realmente semelhantes. Essa é uma condição para que as atividades internacionais possam se integrar ao núcleo da vida sindical de base.

No contexto das empresas, e sobretudo das multinacionais, uma visão global das relações de força permite uma eficácia maior, graças a campanhas voltadas para a opinião pública. Campanhas que podem ser conduzidas com associações ambientalistas ou de consumidores. Hoje em dia as questões de imagem são cada vez mais importantes, embora as empresas não tenham todas a mesma notoriedade. As multinacionais se declaram "cidadãs", e tudo o que envolve a sua imagem de marca é decisivo. Naomi Klein[24] descreve em *No logo* três campanhas globais de três marcas, Nike, Shell e McDonald's, a primeira sobre as questões sociais e os direitos dos trabalhadores nos países do hemisfério Sul, a segunda sobre questões ambientais e a terceira, a mais global, integrando a qualidade da alimentação e a luta contra a precariedade. Essas três campanhas reuniram um espectro muito amplo, indo dos sindicatos aos movimentos estudantis e dos ecologistas aos consumidores.

Campanhas e alianças amplas

A segunda arena a explorar, no âmbito internacional, se situa numa outra extremidade do espectro: trata-se da participação do sindicalismo em alianças amplas que podem, também elas, graças à extensão de suas ambições, ser percebidas como úteis e importantes pelos sindicalizados e assalariados. É uma conduta comparável à que foi adotada no plano nacional nos exemplos que escolhi, da França e dos Estados Unidos, e que pode ser utilizada com igual sucesso em campanhas pontuais e com alvos específicos e em alianças de alcance mais geral e de mais longo prazo.

Alguns sindicatos incorporaram essa dimensão, a começar pelo KCTU coreano, que participa regularmente das diferentes conferências internacionais, tendo enviado delegações para as principais manifestações, da chegada das marchas européias a Amsterdã, na primavera de 1997, até Seattle em novembro de 1999 ou Washington, em abril de 2000. O KCTU se insere em

---

[24] Naomi Klein, *No logo*, Flamingo, Londres, 2000.

todas as campanhas; na organização dessa participação ele se reveza, na Coréia, sobretudo com o "Kopa", a frente coreana de luta contra os acordos de livre comércio. Essa política sistemática mostra que um sindicato pode ser membro de uma internacional ou de uma confederação continental – a KCTU é membro da CISL – sem por isso abandonar uma política de ação autônoma, o que acontece com muita freqüência aos sindicatos que se filiam a um organismo internacional.

Mas se a KCTU é a organização que manifesta a maior continuidade nessa política de abertura, um esforço ainda mais considerável em vista do isolamento da Coréia e das dificuldades lingüísticas, ela não é mais a única a agir assim. Dan Gallin[25], num texto para o UNRISD, um instituto de pesquisas da ONU, insiste no papel que nessa evolução desempenharam as três principais forças sindicais dos países do hemisfério Sul, a KCTU, a COSATU da África do Sul e a CUT do Brasil.

Uma aliança original também nasceu no conjunto do continente sul e norte-americano: a Aliança Social Continental[26]. Trata-se de uma reação à política de abertura dos mercados na escala de todo o continente, que é fomentada pelos Estados Unidos e se organiza durante as conferências de cúpula anuais dos chefes de Estado e de governo. Essa aliança foi criada em Santiago do Chile na primavera de 1998, por ocasião de uma contraconferência que reuniu mais de mil pessoas, e nela encontramos as organizações sociais mais diversas, os trabalhadores rurais da Via Campesina e do CLOC, a confederação latino-americana das organizações rurais, os movimentos indígenas, várias ONGs e a ORIT, o braço americano da CISL.

Essa aliança desempenha um papel importante em mobilizações como a de Quebec, em abril de 2001, para uma outra conferência de cúpula dos chefes de Estado e de governo dos vários países americanos.

---

[25] Dan Gallin, "Trade unions and NGOs: a necessary partnership for social development", UNRISD, junho de 2000.

[26] Sobre esse processo veja Hector de La Cueva, em *Le syndicalisme dans la mondialisation*, Éditions de l'Atelier, Paris, 2000.

A inserção do sindicalismo oficial nessa ampla aliança explica-se em parte pela nova orientação da AFL-CIO[27], que pesa na conduta da ORIT. A importância numérica e política dos outros movimentos sociais, como o MST brasileiro ou a CONAIE equatoriana, tornava impossível, sob outros aspectos, uma aliança feita sem eles.

Peter Waterman[28] faz um comentário mais ácido sobre essa evolução positiva do sindicalismo americano: "A ORIT era durante a guerra fria um ponto de passagem da corrupção que vinha dos Estados Unidos [...] e do domínio que esse país exerca sobre os sindicatos do Terceiro Mundo. A AFL-CIO a utilizava conjunta ou alternativamente com a CISL [...] Talvez tenha sido a combinação da total incapacidade da ORIT, dos efeitos devastadores do neoliberalismo para os trabalhadores do subcontinente e do malogro de uma CISL eurocentrada em dar uma resposta rápida e pertinente à globalização que levaram a ORIT a desempenhar um papel de vanguarda em relação ao continente ou à CISL".

Em todo caso o resultado existe, e se confirmou por ocasião do Fórum Social Mundial de Porto Alegre, no final do mês de janeiro de 2001, no qual a ORIT assinou, com vários movimentos sociais do mundo inteiro, um "Apelo à mobilização" durante os meses seguintes.

Os outros participantes do sindicalismo mundial, os europeus em especial, ainda estão longe dessa abertura, embora existam também, formalmente, alianças com o mundo associativo e as ONGs. Na Europa, por exemplo, esse foi o caso do trabalho comum realizado entre a CES e a plataforma social das ONGs em torno do projeto da carta dos direitos fundamentais adotada durante a conferência de cúpula da União Européia em Nice, em dezembro de 2000. Mas, diferentemente da Aliança Social Conti-

---

[27] Sobre a orientação da AFL-CIO no plano internacional, veja o artigo "A new internationalism", de Barbara Shailor, dirigente internacional da AFL-CIO, em *Not your father's union movement*, Verso, 1998.

[28] Peter Waterman, *International labour's Y2K problem*, http://www.antenna.nl/~waterman/

nental Americana, desse trabalho não participaram nem as associações nem os movimentos sociais que tiveram um papel importante nas lutas recentes e que tinham se juntado à CES nas manifestações ocorridas durante a conferência de cúpula de Nice. Tampouco participaram os movimentos de desempregados franceses e alemães reunidos na rede das "marchas européias contra o desemprego", os trabalhadores rurais da Via Campesina, agrupados, na Europa, na Coordenação Européia de Trabalhadores Rurais, ou, enfim, o ATTAC e os outros componentes dos movimentos que se opunham à globalização liberal.

Deixei deliberadamente de lado uma questão importante: as conseqüências, para o movimento sindical, das mudanças ocorridas no salariado, ou mais globalmente no mundo do trabalho, a fim de que esse movimento possa levar em consideração, por exemplo, o "setor informal" que se desenvolve nos países do hemisfério Sul e na Europa do Leste. Mas a exclusão desse tema não foi motivada pela subestimação da importância de tais transformações: os exemplos franceses e americanos já expostos procuraram, pelo contrário, apresentar tentativas originais do sindicalismo para sair de suas bases tradicionais (o setor público e as grandes empresas). Em face da globalização da economia, da transformação do mundo da empresa e do abandono de setores inteiros dos serviços públicos por parte dos Estados, a simples perpetuação de um sindicalismo adaptado ao mundo industrial dos anos 50 e 60 levaria fatalmente a um impasse. Mas nessa fase a mudança atinge em primeiro lugar níveis nacionais e locais. As experiências dos diferentes países devem ser divulgadas e discutidas para permitir a difusão de idéias novas. No tocante à ação propriamente dita, dessa vez no plano internacional, ela deve se concentrar no que é possível e eficaz para os assalariados e os militantes.

Para atingir esse objetivo, divisam-se dois campos de ação:
• as empresas multinacionais ou os setores profissionais no sentido estrito do termo;
• amplas campanhas militantes, só possíveis com uma estratégia de aliança.

É preciso tornar compreensível aos sindicalizados e aos assalariados o sentido e a função das ações internacionais. E caminhar na direção do que Kim Moody[29] chama um "sindicalismo internacional para os movimentos sociais". No lugar da opacidade que em geral impera nas negociações internacionais e, mais globalmente, na ação do sindicalismo no plano internacional, é preciso propor objetivos claros, e que permitam uma ampla mobilização. Objetivos que possam ir dos campos mais específicos, como a profissão ou a empresa, até campanhas amplas, como a anulação da dívida ou a recusa dos acordos de livre comércio. Essa entrada em ação de categorias significativas do movimento sindical, ou pelo menos seu apoio às ações realizadas fora dele — para dezenas, até mesmo centenas de milhões de assalariados a mensagem de Seattle foi clara —, é uma obrigação para o sindicalismo se ele quiser sair do atual declínio. No novo regime de acumulação em que o capitalismo entrou, marcado pela globalização das trocas, o caráter internacional das ações terá uma importância crescente. Isso torna tais questões ainda mais urgentes para os sindicatos.

---

[29] Kim Moody, *Workers in a lean world*, op. cit.

4
Atores em mudança, movimentos em plena ascensão

Os sindicatos de assalariados não são os únicos componentes sociais dos movimentos que lutam contra a globalização liberal. Os trabalhadores rurais estavam bastante presentes em Seattle, e na França José Bové simbolizou a luta dessa categoria por uma agricultura que respeite a qualidade dos alimentos e do ambiente, tudo isso se inserindo nas lutas contra a globalização liberal. Os movimentos populares e os de desempregados, assim como os de defesa dos direitos das mulheres, também se apropriaram das temáticas dessas lutas. E foram justamente os que tiveram respostas mais rápidas e fizeram as primeiras alianças. Os jovens radicais, que garantiram o sucesso das manifestações de Seattle, Washington ou Praga, representam igualmente uma realidade que merece ser analisada, por ser talvez a mais inovadora e por garantir o dinamismo das mobilizações. A última faceta dos componentes desses movimentos são as ONGs. Elas estão bastante presentes, mas permeadas de contradições entre os compromissos com os movimentos militantes e as participações nas várias estruturas de negociações que as instituições internacionais colocam em funcionamento.

Uma nova radicalidade na juventude

O caráter global do fenômeno talvez seja o sinal mais claro de uma mudança de época.

Como nos anos 60 e 70, embora ainda numa escala menor, uma geração se mobiliza, com seus próprios valores, métodos e formas de organização.

À primeira vista poderíamos pensar que se trata apenas de uma realidade anglo-saxônica. O Reclaim the Streets foi o precursor; surgiu na Grã-Bretanha na segunda metade da década de 1990. Veio depois a Direct Action Network, organizada nos Estados Unidos em novembro de 1999 para preparar Seattle. E em seguida apareceram seus homólogos australianos, que em setembro de 2000 conseguiram bloquear em Melbourne a abertura da reunião asiática do Wold Economic Forum.

Em 1999 a longa greve da UNAM, a universidade do México que, com cerca de 300 mil estudantes, é a maior da América Latina, já era um indicador da extensão da radicalização da juventude.

As mobilizações européias de Praga e Nice, no outono de 2000, confirmaram o caráter universal dessa radicalização. Centenas de jovens suecos estiveram em Praga e criaram o ATTAC em seu país. Os militantes italianos dos centros sociais – os "Invisíveis" ou "Tute Bianche", aliados aos jovens do Partido da Refundação Comunista, também marcaram presença expressiva, assim como em Nice. A Itália deu um passo à frente, não exatamente quanto à novidade do processo – que já tem muitos anos –, mas quanto ao impacto público de suas mobilizações. Talvez seja na Espanha, e sobretudo na Catalunha, que a novidade é mais forte: quando os milhares de militantes estavam consideravelmente enfraquecidos nos anos 80 e 90, surge uma nova geração, que se manifesta em Praga e depois em Nice, em torno do Movimento de Resistência Global. Um movimento criado em Barcelona, depois da conferência alternativa de Genebra, com o objetivo de preparar a mobilização para Praga e que a partir de Praga se ampliou para Madri, Valência e Saragoça. O MRG é antes de mais nada o resultado da reunião de comissões de apoio aos zapatistas e de mais duas redes: a RCADE – Red Ciudadana para la Abolición de la Deuda Externa –, que organizou em março de 2000 um plebiscito para a anulação da dívida dos países do hemisfério Sul e recolheu 1 milhão e 100 mil assinaturas, 500 mil só na Catalunha. E o movimento dos *occupas*, as ocupações de imóveis, que teve um desenvolvimento espetacular depois de outubro de 1996. Aproveitando uma mudança de legislação que convertia em delito essas ocupações, o governo expulsou com muita violência os ocupantes de um grande prédio de Barcelona, gerando com isso um amplo movimento de solidariedade.

Como veremos, se essa geração militante tem várias características comuns, além das culturas nacionais ou continentais, a origem desses movimentos não é idêntica.

Reclaim the Streets

Na Grã-Bretanha a reviravolta ocorreu no início dos anos 90, com o surgimento de uma grande rede de militantes ecologistas radicais. Para o professor universitário Brian Doherty[1] trata-se inicialmente de um movimento saído dos meios ambientalistas — Greenpeace e Friends of the Earth, cujo número de filiados aumentou sete vezes entre 1985 e 1993 — que se destacava na luta contra a aplicação de um plano de construção de estradas que em 1989 o governo decidiu implantar sob o nome de Road for Prosperity.

Desde 1992 os militantes radicais se lançaram na ação direta não-violenta para impedir a construção de novas auto-estradas, inventando novos métodos de ação: instalar-se nas árvores ou se esconder no fundo de túneis. Fizeram isso rompendo com o Greenpeace e com o Friends of the Earth, que foram considerados pouco receptivos a essas novas formas de radicalidade, sendo sua única referência, na época, a rede Earth First!, que, criada nos Estados Unidos, se expandia na Grã-Bretanha. Se a oposição às novas redes viárias foi muito importante para mobilizar a juventude, outros temas, nem sempre ligados ao ambiente, estiveram presentes desde o início: recusa da abertura de novas minas ou

---

[1] Brian Doherty, "Paving the way: the rise of direct action against road-building and the changing character of British environmentalism", em *Political Studies*, XLVII, 1999, Blackwell Publishers, Oxford.

pedreiras, protestos contra a importação de madeiras tropicais e também contra os bancos, considerados responsáveis pelo crescimento da dívida dos países do Terceiro Mundo.

A partir de 1995 o movimento se desloca para as cidades, com o surgimento do Reclaim the Streets. John Jordan[2], um dos fundadores desse movimento, lembra suas primeiras ações: "Imaginem uma rua de grande circulação, em plena agitação numa tarde de sábado. Os pedestres avançam se acotovelando na calçada estreita entre as lojas e a rua. Subitamente dois carros se chocam e bloqueiam o trânsito: os motoristas saem e inicia-se um bate-boca. Um deles empunha um martelo e começa a bater no carro do outro. De repente, da multidão anônima surgem pessoas que sobem nos carros, pintando-os anarquicamente com tintas de todas as cores. Sobre o teto dos dois carros destruídos é desdobrada uma enorme faixa, onde se lê: 'RECLAIM THE STREETS – FREE THE CITY / KILL THE CARS'. Quinhentas pessoas surgem então do metrô e tomam conta da rua. Como teriam dito os surrealistas, a vida cotidiana estava agora penetrada do maravilhoso. Assim começava a *street party* número 1, em Camden High Street, no mês de maio de 1995".

As "festas" vão se multiplicar ao mesmo tempo que o número de seus participantes, e muito rapidamente os temas de intervenção do Reclaim the Streets se diversificam[3]. Em 1997 eles se mobilizaram para apoiar a longa greve dos empregados das docas de Liverpool. No mesmo ano, participaram das "marchas européias contra o desemprego". Um pouco mais tarde se juntaram à campanha contra a privatização do metrô de Londres, depois o movimento se inseriu nas mobilizações contra a globalização liberal. No dia 18 de junho de 1999, véspera da reunião do G7 em Colônia, ocorreu a operação "Stop the City", a mais importante iniciativa do Reclaim the Streets: mais de 100 mil manifestantes invadiram o centro financeiro, bloqueando os bancos e as pontes. Foi a maior manifestação organizada na área dos negócios desde meados do século XIX.

---

[2] John Jordan, em *Diy culture, party & protest in nineties Britain*, Verso, Londres e Nova York, 1998.

[3] "Reconquérir la rue", Peter Cooper, *L'Humanité*, 29 de dezembro de 1999.

Esses movimentos representam uma ruptura radical com as tradições britânicas, marcadas pelo peso dos conflitos de classe, do Labour, o partido trabalhista, e dos sindicatos. Brian Doherty[4] lembra que a Grã-Bretanha é talvez o exemplo mais nítido de um país onde o conflito entre o trabalho e o capital continua a definir a cultura política e o modo como são concebidos os movimentos sociais. Até mesmo os movimentos não diretamente ligados aos conflitos de classe dos anos 70 e 80, como os movimentos das mulheres ou os movimentos pela paz, particularmente importantes nos anos 80, foram impulsionados por militantes da esquerda do Partido Trabalhista.

A defesa do ambiente parecia uma causa mais fútil, e seus defensores não eram ligados às redes tradicionais da esquerda inglesa. Na juventude, contudo, esses temas são muito arrebatadores[5]: pesquisas realizadas no início dos anos 90 mostraram que entre os jovens de 18 a 34 anos os temas ambientais mobilizavam cinco vezes mais as jovens – três vezes mais que entre os jovens – em relação às outras causas. Mas as redes não são mais as mesmas: entre os 28 principais dirigentes do Earth First! em 1991, 9 são universitários e 14 são desempregados, e nenhum dos 28 tem filhos ou dependentes. Isso dá aos ecologistas radicais, e portanto ao Reclaim the Streets, uma mobilidade e uma capacidade de correr riscos bem superior à dos militantes sindicais, que têm um emprego fixo e freqüentemente a responsabilidade da família.

Seus métodos de ação, assim como a organização e a ideologia, são originais[6]: "Eles não têm organização central nem um *pool* de recursos centralizado, e no plano ideológico recusam taxativamente qualquer institucionalização. Adotam quase sempre a ação direta não-violenta, utilizada de um modo que acentua o desafio aos códigos culturais dominantes. Isso se evidencia sobretudo na adoção de um estilo de se vestir de tipo tribal e no emprego de uma linguagem alternativa. Suas raízes se imbricam com a cultura das redes alternativas inglesas, que no passado

---
[4] Op. cit.
[5] Ibidem.
[6] Ibidem.

promoveram movimentos de ocupação de imóveis, e com uma contracultura inglesa procedente da ala mais radical do movimento feminista, de especialistas de ação direta dos movimentos pela paz e de ecologistas que não pertencem às organizações de defesa do ambiente mais consagradas".

Com tais raízes culturais e militantes, num país tão marcado pelos antagonismos de classe "tradicionais", não devemos nos espantar com o fato de o movimento sindical ter olhado à distância — para não dizer com franca hostilidade — esses jovens agitadores. Para que essa reação fosse diferente teria sido preciso uma retomada das lutas entre os assalariados, que permitiriam aproximações na ação. Isso só foi possível em experiências limitadas — os empregados das docas de Liverpool ou as "marchas européias contra o desemprego". O movimento operário britânico não estava ainda recuperado dos anos Thatcher e de derrotas graves como a da greve dos mineiros no início dos anos 80.

Uma parte da extrema esquerda, que incluiu seu componente mais numeroso, o Socialist Workers Party, se juntou às atividades do Reclaim the Streets e a partir de então participou de várias mobilizações contra a globalização liberal, de Praga a Nice. Contudo nunca houve uma real osmose entre essas redes.

A experiência do Reclaim the Streets teve um impacto significativo em vários países, sobretudo no mundo anglo-saxônico. Essa repercussão se deu em aliança com outras redes, como a Action Global des Peuples, fundada em Genebra na época das mobilizações contra a criação da OMC, ou diretamente a partir da experiência inglesa. Naomi Klein[7] observa que cerca de trinta iniciativas inspiradas nas ações do Reclaim the Streets foram empreendidas em vinte países diferentes. A mais bem-sucedida dessas *global street parties* foi a que se realizou em Sydney, na Austrália, no dia 16 de maio de 1998. O Reclaim the Streets tinha sido lançado em Sydney pelo movimento feminista, que havia ligado a idéia de "recuperar a rua" à de "recuperar a noite" contra as violências e o machismo.

---

[7] Naomi Klein, *No logo*, op. cit.

As radicalizações da juventude nos Estados Unidos

Nos Estados Unidos a radicalização da juventude se cristalizou sobre bases diferentes, embora se encontre um fundo cultural comum no conjunto desses movimentos. Naomi Klein toma como referência a *culture jamming*, a "cultura da interferência", ou mais exatamente "do desvio", segundo uma fórmula aplicada em São Francisco em 1984. Ultrapassa-se a metáfora do *jiu-jitsu*, que utiliza a força do adversário para fazê-la voltar contra ele: as mensagens não são apenas invertidas, mas sim desviadas a partir de sua essência profunda. Em São Francisco a Frente de Libertação dos Outdoors desviou desse modo o maior *outdoor* da cidade. Era uma peça publicitária dos *jeans* Levi's. Eles pintaram no lugar do personagem um retrato do assassino em série Charles Manson, explicando essa escolha pelo fato de os *jeans* serem "feitos pelos prisioneiros na China e depois vendidos às instituições penais dos Estados Unidos". Outros desvios consistiram em colar imagens de escolares com as palavras "para crianças" numa publicidade para os cigarros Camel, ou, depois da maré negra do Exxon Valdes, em 1989, em colar em imensos cartazes vistos por milhões de moradores dos subúrbios de São Francisco a legenda: "A merda está chegando. Novo Exxon". Os situacionistas franceses são uma das fontes de inspiração desses artistas-militantes. Mas, se a cultura se aproxima da do Reclaim the Streets, nos Estados Unidos os alvos são as grandes empresas, as *corporates*, o que facilitará mais tarde a ligação com o movimento sindical.

Nos Estados Unidos trata-se antes de mais nada de um movimento de universitários que deslanchou na segunda metade dos anos 90, quando das lutas contra as *sweatshops*, as "oficinas do suor", onde se fabricam as roupas usadas pelos jovens, as *sweatshirts* que estampam o nome das universidades americanas ou, mais freqüentemente, das grandes marcas, de Nike a Gap. No final dos anos 90[8] havia movimentos setoriais e identitários: mulheres, homossexuais, minorias raciais. Apesar de importantes,

---

[8] Veja o artigo de Liza Featherstone, publicado originalmente em *The Nation* do dia 15 de maio de 2000 e depois em *Solidarités*, nº 110, Genebra, 14 de junho de 2000.

esses movimentos limitavam sua ação aos que se sentiam diretamente implicados, em parte por causa da obsessão da representação: "Só os homossexuais podiam falar de homofobia, só os negros de racismo, e isso limitava consideravelmente o número de militantes". Entretanto esses movimentos não desapareceram sem deixar marcas. Muitas das aquisições do feminismo se encontram nas mobilizações atuais em que as mulheres são numerosas e ativas, e a "tática [...] do Act-Up ou do Queer Nation[9] – ação direta militante, teatral e freqüentemente provocante – influenciou bastante as novas equipes de militantes universitários". Mais complicada – volto a esse ponto mais adiante – é a fraqueza da presença das minorias raciais nas mobilizações atuais.

Os universitários se reúnem numa estrutura nacional em que estão presentes mais de cem *campus* universitários, a United Students against Sweatshops. Essa união tem um trabalho local de controle sobre a origem das roupas, em contato com os sindicatos, mas acontece também de os militantes universitários irem verificar *in loco*, nos Estados Unidos ou nos países do hemisfério Sul, a situação dos salários e dos direitos sindicais e as condições de trabalho. Uma das linhas de intervenção da união consiste em exigir de suas universidades que elas não se filiem ou se retirem da Fair Labour Association (Associação pelo Trabalho Justo), criada por Bill Clinton em 1996 e que tem várias multinacionais, como a Nike ou a Gap, passando a escolher o WRC, o Workers Rights Consortium Council, criado por militantes universitários e dotado de pesquisadores e associações de defesa dos trabalhadores, que verifica com total independência tudo o que diz respeito às condições de trabalho e aos direitos dos trabalhadores. O WRC é um movimento em plena expansão que mantém os vínculos com os sindicatos, inclusive pela mediação do Jobs with Justice, e organiza convenções nacionais com a participação de muitos militantes universitários. É nele também que encontramos uma das principais bases de retaguarda da Direct Action Network (DAN), a rede informal formada para preparar as manifestações

---

[9] Queer Nation, movimento homossexual.

de Seattle e Washington. A DAN não se resume ao movimento universitário, e Liza Featherstone[10] inclusive esclarece em seu estudo sobre uma luta universitária que "poucos de seus estudantes [do movimento anti-*sweatshops*] lembram – pela aparência e também pela tática – os famosos jovens anarquistas de capacete que quebraram vitrines [...] em Seattle [...] Evidentemente o movimento desenvolve um espírito anti-hierárquico [...] todas as decisões são tomadas por consenso. Mas ao contrário dos grupos anarquistas eles têm dirigentes e porta-voz [...]".

Se não se deve negar as diferenças culturais e militantes no interior do movimento da juventude, o que mais impressiona são seus traços comuns. A DAN reúne, além dos movimentos de universitários, das ONGs e dos grupos políticos de extrema esquerda, a seção nova-iorquina do Reclaim the Streets e todos os tipos de estruturas militantes: o princípio dos grupos de afinidades permite a cada um ser membro e participar das ações que julga coadunadas com suas escolhas. Mas a base social é composta de universitários, e as reuniões da DAN são admiráveis pela homogeneidade que lá se observa: homogeneidade de geração, de cultura e até mesmo racial.

Onde estava a cor em Seattle?

Essa esmagadora maioria de estudantes brancos é um problema suficientemente sério para ser atacado com todo o vigor pelos promotores da DAN. Betita Martinez escreveu sobre essa questão um artigo intitulado "Where was the color in Seattle?"[11] (Onde estava a cor em Seattle?), no qual ela buscava as razões pelas quais a Grande Batalha era tão branca.

Ela apresenta vários argumentos.

Os problemas econômicos: o custo dos transportes e o fato de as minorias étnicas freqüentemente não terem computador e não usarem a Internet.

---

[10] Liza Featherstone, op. cit.
[11] Elizabeth (Betita) Martinez, "Where was the color in Seattle?", publicado originalmente numa brochura do DAN, *Reflexions on Seattle*, e depois em *Globalize this!*, Common Courage Press, Monroe, 2000.

A maior dificuldade de acesso à informação documentada: muitos militantes não conhecem ou conhecem pouco as temáticas ligadas à OMC ou ao FMI.

A ausência de políticas voluntaristas das organizações para integrar as minorias: um único não-branco – um asiático – em Seattle na equipe central de atividade da DAN e uma hegemonia cultural desagradável para muitos militantes das minorias que não se reconhecem numa manifestação "dominada por 50 mil *hippies* brancos".

Liza Featherstone[12] cita um dirigente universitário negro que declarou não ter ido a Seattle nem a Washington: "Se estudantes negros tivessem ido as balas teriam sido bem reais, e não de borracha".

Mas esse problema não é especificamente americano; em Praga podia-se constatar a mesma coisa. Os imigrantes – ou filhos de imigrantes – da Turquia, do Magreb ou do restante da África estavam quase totalmente ausentes, embora a grande maioria dos manifestantes viesse de países com grandes contingentes de imigrantes: Alemanha, Inglaterra, Espanha, Itália ou Suécia.

Talvez possamos fazer um paralelo útil com os movimentos de jovens do final dos anos 60 e início dos 70. Numa época em que em sua grande maioria os universitários provinham das classes médias e superiores, o movimento partiu desses jovens e durante muitos anos esteve em contato com os subúrbios populares e as escolas técnicas onde estudavam os filhos dos operários e dos imigrantes. Na França foi preciso esperar 1973, com os movimentos contra a "Lei Debré" que realmente sensibilizaram toda a juventude, e 1974, com os movimentos de greve das escolas secundárias e técnicas[13].

Foi como se tivesse sido necessário um período de difusão para que um movimento de contestação de alcance universal – na época a ruptura com o sistema pela revolução – partido, sob todos os pontos de vista, do centro: centro das cidades, centro do

---

[12] Liza Featherstone, op. cit.

[13] Veja Didier Leschi, "Mai 68 et le mouvement lycéen", em *Les Mouvements étudiants en France et dans le monde*, BDIC, 1988.

saber (as grandes universidades) e centro do poder (os jovens da burguesia) atingisse todas as categorias da sociedade.

Hoje em dia o movimento pode parecer fragmentado, formado por milhares de componentes. Mas é também, sobretudo na juventude, um movimento de contestação geral, uma recusa global do sistema, de alcance tão universal quanto há trinta anos. E, como há trinta anos, são os que estão no núcleo do sistema e que vêm dos locais do domínio que têm mais facilidade para forjar e defender um discurso universal. Essa constatação reforça a idéia de que estamos no início de um ciclo que assistirá à extensão da radicalização aos vários continentes, como a todas as camadas da sociedade. Mas ao mesmo tempo é um sinal de alarme. O modelo que será e que já está difundido se adapta a uma cultura e a uma história que é essencialmente a dos centros de domínio, e sobretudo de sua metrópole, os Estados Unidos. Por razões de princípio, mas que coincidem com questões de oportunidade – evitar efeitos adversos inesperados, com setores inteiros se isolando em guetos sectários – será preciso vigiar escrupulosamente, como já indiquei, o equilíbrio entre a defesa das identidades e a busca de respostas globais. Do mesmo modo, será preciso fazer um esforço voluntarista, como aconteceu no Fórum Social Mundial de Porto Alegre, para destacar os países do hemisfério Sul e as realidades diferentes dos movimentos de resistência.

Os riscos de marginalização,
a greve da UNAM no México. Praga

Há ainda outra dificuldade, igualmente importante: o risco de uma marginalização do movimento da juventude, ou, para ser mais exato, de um rompimento entre ele e os outros componentes do movimento social, o sindicalismo, evidentemente, mas também as ONGs e o mundo associativo. O problema aparece a cada vez que surge uma nova geração militante. Esta forja para si uma identidade, práticas e referências que lhe são próprias e que diferenciam-na das que hoje promovem os movimentos sociais. O problema consiste em fazer com que essa diferença possibilite contribuições recíprocas, um enriquecimento global, sem se transformar em mera oposição esterilizadora que impediria a transmissão das conquistas ou dos debates. O exemplo do Reclaim the Streets aí está para nos lembrar que o risco é muito real; mas ele não é o único.

O isolamento do qual foram vítimas os grevistas da UNAM, no México, também é impressionante[14]. Em abril de 1999 começava a greve na UNAM, a universidade nacional autônoma do México. O motivo do movimento era simples: a defesa da gratuidade do ensino, contra a instauração de uma taxa de matrícula que parecia razoável para as autoridades universitárias – 120 dólares anuais – porém absurda para as famílias pobres. Essa greve só terminou depois de cerca de um ano, com as forças da ordem desfazendo os piquetes de greve no final do inverno de 2000, e mobilizou dezenas de milhares de jovens que participaram das assembléias gerais, das manifestações e da condução da greve. Foi um movimento de massa dos universitários de rendas modestas que defendiam seu direito à educação e a possibilidade de as famílias pobres terem seus filhos prosseguindo nos estudos.

A greve foi extremamente popular nos meios de baixa renda, que constituem a grande maioria da população, o que, combinado com a presença de Cauthemoc Cardenas, candidato da esquerda nas eleições presidenciais, na prefeitura da Cidade do México, explica as dificuldades encontradas pelas autoridades para fazer com que a polícia interviesse a fim de desocupar a universidade. Mas essa greve teve também características comuns aos movimentos de jovens do mundo inteiro.

A greve foi marcada desde o início por uma extrema sensibilidade às questões democráticas e pela rejeição aos dirigentes autoproclamados. Essa preocupação era muito positiva, mas tornava a gestão da greve extremamente pesada e impedia qualquer movimento tático que contudo teria sido útil: eram necessários

---

[14] Veja os artigos de Pablo Gonzales Casanova, Ana Esther Ceceña e Raquel Sosa Elizaga no dossiê preparado pelo CLACSO, Conselho Latino-Americano de Ciências Sociais, para o primeiro número de sua revista *Observatorio Social de America Latina*, Buenos Aires, junho de 2000.

dias e dias para tomar a decisão mais banal; tudo precisava passar por assembléias locais muito longas que enviavam delegados – eles próprios substituídos o tempo todo – às reuniões do comitê central de greve. Ela afirmava um grande radicalismo, com os temas da greve se ampliando e os delegados recusando qualquer concessão às autoridades quanto às reivindicações. A afirmação, por vários organizadores da greve, de uma cultura específica, um *look* alternativo muito próximo do dos jovens radicais ingleses ou americanos, era um sinal a mais, como se isso fosse preciso, de uma comunidade geracional que tinha agora seus prolongamentos militantes: o site do Direct Action Network americano privilegia, na lista das ações programadas pelo movimento, a solidariedade com os grevistas da UNAM. Foi essa solidariedade que fez falta no México. Num contexto político marcado pela crise do PRI (o partido perdeu as eleições presidenciais alguns meses depois da evacuação da UNAM) e pela mudança de foco do partido da esquerda, o PRD, que queria a qualquer preço evitar afugentar os eleitores moderados, os grevistas ficaram sozinhos. O movimento sindical, dominado pelo PRI, era muito burocratizado, e os sindicatos independentes não eram uma força suficiente para impulsionar uma campanha de solidariedade. Os outros atores do movimento social estavam divididos – por exemplo o movimento dos trabalhadores rurais – ou enfraquecidos, as combativas associações de bairros da Cidade do México tinham tido grande parte de seus quadros sugada por uma municipalidade de esquerda. No entanto, os zapatistas sustentaram o movimento. Mas na mesma medida em que Marcos e o EZLN do Chiapas tinham um prestígio enorme no país, o FZLN, a ferramenta que eles haviam implantado no resto do México, representava apenas forças limitadas e privilegiava, em conseqüência dessa fraqueza, suas atividades de sustentação aos rebeldes do Chiapas.

Sem apoios organizados, com uma burguesia e intelectuais favoráveis à reforma da UNAM que lhes parecia o único meio de garantir – pelas somas que isso liberaria – um certo nível aos cursos universitários, os grevistas ficaram isolados, sendo o "até o fim" de seus representantes o argumento incansavelmente repetido para ressaltar o abandono de que eles foram vítimas, inclusive por parte de vários setores da esquerda mexicana.

As manifestações de Praga, em setembro de 2000, também impressionaram pela juventude de seus participantes. Milhares de jovens vindos de toda a Europa, particularmente da Escandinávia e dos países mediterrâneos — Itália, Espanha e Grécia —, desfilaram contra a assembléia geral do FMI e do Banco Mundial, com a ausência quase total de qualquer força sindical no continente que de longe era aquele em que o sindicalismo continuava a ser, numericamente, o mais forte. Mas nesse caso, uma vez passados os poucos dias em que os enfrentamentos ganharam projeção na imprensa internacional, sobre o fundo das questões colocadas pelos manifestantes, Praga passou a ocupar um lugar na lista das cidades-símbolo, lista que ostenta esses locais aureolados pelos grandes feitos dos militantes que se opõem à globalização liberal.

Uma convergência difícil

Em todos os exemplos, o do Reclaim the Streets, o dos grevistas da UNAM ou o dos jovens que "fizeram" as manifestações de Praga, os responsáveis pelo isolamento desses movimentos emergentes devem claramente ser procurados entre as forças tradicionais, sobretudo sindicais, mesmo se nos três casos é possível analisar as razões que explicam a incapacidade de compreender esses novos atores sociais e de se ligar a eles. Contudo, a questão que se coloca aos militantes é a de saber como superar essa oposição e evitar o isolamento dos setores mais radicais.

Na Europa a resposta se esboçou em Nice, quando das manifestações que marcaram a realização da conferência de cúpula da União Européia, em dezembro de 2000. As mobilizações por ocasião da realização do G7 em Gênova, na Itália, em julho de 2001 deveriam confirmar essa evolução. Nos dois casos, efetivamente, os sindicatos e os movimentos de jovens, Invisíveis italianos ou Movimento de Resistência Global da Espanha, estavam juntos com associações, ONGs e movimentos como o ATTAC ou as campanhas pela anulação da dívida dos países do Terceiro Mundo. Na França, o trabalho comum entre vários componentes do movimento social é uma aquisição das lutas dos anos 90, mas a Itália experimenta igualmente uma evolução positiva que encontramos no âmbito das forças que se dedicaram à preparação das manifestações de Gênova. Estas envolveram, na verdade, desde sindicatos até centros sociais e os Invisíveis. Nesses dois países, a presença de um sindicalismo independente, radical e unitário é um estímulo para o conjunto das confederações. Para os italianos, o Fórum Social Mundial de Porto Alegre foi um momento de convergência útil. As federações de trabalhadores da indústria metalúrgica, que é a chave do sindicalismo na Itália, da CGIL, maior sindicato italiano, e da CISL, a central de origem cristã, ali estavam e teorizaram essa escolha, em contraste com sua presença tradicional em Davos, onde eles tentaram fazer ouvir a voz do sindicalismo. Se a mobilização para Gênova confirma essa capacidade dos movimentos de jovens, associações e sindicatos de se mobilizar juntos, para além das divergências que continuarão a separá-los, será possível apoiar-se mutuamente, depois das mobilizações nos Estados Unidos, nessa nova aquisição para tentar acelerar a evolução do sindicalismo nos outros países.

Contudo, não se deve pensar que as convergências se farão sem choques nem conflitos. Os movimentos de jovens que emergem têm, para além das grandes diferenças entre um país e outro, muitos traços comuns, e estes contrastam radicalmente com o que constituía a aquisição tradicional do movimento operário e dos movimentos populares, formados pelas tradições socialdemocratas ou pelas várias correntes revolucionárias.

Sua filiação ideológica é diferente — a ecologia ou uma certa tradição libertária — e seus métodos de ação, assim como seu funcionamento, vão perturbar bastante os hábitos. Uma visita ao *site* da Direct Action Nework[15] nos dá um resumo de seus métodos. Outro exemplo: em Washington, na véspera do dia 16 de abril de 2000, distribuíram-se para todos os grupos de manifestantes panfletos dos grupos de afinidades. Os princípios que neles eram lembrados estão longe dos praticados pelos que costumam ir às manifestações sindicais nos tradicionais trajetos da Bastille à Place de la République.

---

[15] http//:www.directactionnetwork.org

"Os grupos de afinidades (GAs) são as unidades de base de nossa ação de massa em relação ao FMI e ao Banco Mundial. Os GAs são pequenas equipes autônomas de pessoas que compartilham alguns princípios, objetivos, interesses, projetos ou outras semelhanças que as levam a trabalhar bem em conjunto. Por meio de um processo descentralizado, altamente democrático e eficaz, os GAs fazem e põem em execução planos da ação de massa [...]". Naomi Klein[16] retoma a metáfora dos círculos e dos raios, utilizada por um centro de pesquisas de Washington, o TeleGeography, e que compara a arquitetura da Internet à do sistema solar. Para Naomi Klein, Seattle e Washington são exemplos perfeitos "dessas convergências de massa que são os meios militantes, feitas de centenas, até mesmo de milhares de raios autônomos". Referência mais clássica ainda, a do funcionamento em rede, modelo do mundo da Internet e também — mais mítico nesse caso — do mundo da empresa do século XXI. É nesses movimentos, em que predomina a juventude, que encontraremos, logicamente, a ruptura mais nítida com as tradições do movimento operário. A possibilidade de que esses dois mundos se encontrem é talvez a aposta mais importante para os movimentos de luta contra a globalização liberal.

Os movimentos de trabalhadores rurais

Mais ainda que o sindicalismo dos assalariados, os movimentos de trabalhadores rurais ficaram ancorados nas realidades nacionais, se não locais. Não se trata de subestimar lutas que perturbaram o curso da história pelo menos tanto quanto as do movimento operário, desde a rebelião camponesa ocorrida na Alemanha no início do século XVI até as grandes revoluções asiáticas do século XX, cuja ponta de lança foi o campesinato. Mas, como analisa o antropólogo militante Eric Wolf[17], se o desenvolvimento do capitalismo está na base das lutas camponesas, elas se desencadeiam em conexão com as realidades concretas: "As revoltas camponesas não são mais simples reações

---

[16] Naomi Klein, "The vision thing", *The Nation*, 10 de julho de 2000.
[17] Eric Wolf, *Les guerre paysanne du vingtième siècle*, Nova York, 1969, François Maspero, 1974.

aos problemas locais [...] Elas são apenas reações locais aos deslocamentos mais amplos devidos à perturbação da própria sociedade". A diversidade das situações tornava difícil uma ação comum que ultrapassasse a simples solidariedade. No México, a luta se manifesta pela defesa dos *ejidos*, terras coletivas indígenas, conservadas graças à revolução de 1910 e que voltaram a ser questionadas nos anos 80. No Brasil, a luta dos "sem-terra" por uma reforma agrária que lhes permitisse, enfim, o acesso a um pedaço de terra. Na Tailândia, a luta, durante décadas, dos camponeses expulsos de suas terras para a criação de grandes barragens. Na França, ou nos países desenvolvidos, assiste-se sempre à defesa da renda dos pequenos camponeses em face das crises cíclicas de superprodução.

A globalização da economia

Na década de 1990 a globalização da economia muda radicalmente a situação e reações comuns no plano internacional se organizam em torno de dois dossiês complementares: a vontade das instituições internacionais de acelerar a abertura dos mercados dos produtos agrícolas e a estrondosa instalação do debate sobre os genes, sobre os alimentos transgênicos e sobre a propriedade intelectual.

A abertura dos mercados aos produtos agrícolas não é uma questão nova: no século XIX a Inglaterra impulsionou um movimento pelo livre comércio que só acabou com a crise agrícola de 1870. Mas no século XX as trocas agrícolas permaneceram regidas por acordos bilaterais ou regionais – como no caso da União Européia – até o início da Rodada do Uruguai, organizada pelo GATT em 1986[18]. É a partir desse momento que o dossiê agrícola surge na mesa das negociações no plano mundial e posteriormente se torna um motivo de tensão, tanto entre governos – em Seattle ele foi um dos pomos de discórdia entre os Estados Unidos e a União

---

[18] Veja José Bové e François Dufour, *O mundo não é uma mercadoria*. Editora da Unesp, São Paulo, 2000.

Européia — como em razão dos movimentos de trabalhadores rurais. A vontade de banalizar a agricultura no contexto da globalização das trocas não se explica unicamente por um efeito de moda, sendo a abertura dos mercados preconizada em todos os lugares e para todas as atividades humanas. Nela há um grande prêmio econômico para os países ricos: Estados Unidos, Austrália e Nova Zelândia. Essa vontade é também uma das conseqüências da crise da dívida. Os países do Terceiro Mundo devem pagá-la, e para isso precisam aumentar suas exportações, sendo a agricultura um campo em que cada país pode encontrar seu espaço, se, evidentemente, desenvolver a *agrobusiness*.

A questão genética é mais recente, mas igualmente importante. A parte mais visível do dossiê é a que fala sobre os transgênicos, os organismos geneticamente modificados. O processo de José Bové e dos militantes da Confederação dos Trabalhadores Rurais acusados de destruir culturas de arroz transgênico do CIRAD, organismo público que multiplica as parcerias com a Aventis e as multinacionais interessadas em pontos de escoamento que poderiam permitir a engenharia genética, contribuiu para essa repercussão.

Mais globalmente, a opinião pública e os consumidores reagem com vigor a tudo o que diz respeito ao "envenenamento alimentar": bois com hormônios, vaca louca, transgênicos etc. Essa reação da opinião já levou a uma primeira vitória. A Monsanto, uma das multinacionais mais ativas nas biotecnologias, tinha lançado uma fórmula revolucionária: com o "Terminator" os grãos geneticamente modificados se tornavam estéreis, o que impossibilitava aos trabalhadores rurais replantar uma parte de sua colheita e garantia à multinacional uma renda prodigiosa, sendo ela a única empresa que comercializava aqueles grãos. Graças às ações militantes e a uma campanha da imprensa[19], a Monsanto foi obrigada a recuar e a retirar seu projeto.

---

[19] *The Ecologist*, a revista inglesa dirigida por Edward Goldsmith, desempenhou um papel fundamental nessa campanha graças a um número especial sobre a Monsanto publicado em setembro de 1998 e traduzido em várias línguas.

O registro de patente sobre os genes e os organismos vivos é também uma questão decisiva, apesar de menos conhecida do público. Com as oportunidades abertas pelas descobertas sobre o DNA é possível modificar os genes e também identificá-los e utilizar as propriedades deste ou daquele produto tentando uma fabricação industrial. O prêmio é enorme, para a agricultura e também para a indústria de medicamentos. Assim, as multinacionais começaram uma pressão para poder patentear dos genes de seres vivos e com isso garantir para si um monopólio sobre todo e qualquer emprego das plantas ou dos derivados obtidos a partir de seus genes. O resultado disso seria mais uma destituição para os trabalhadores rurais das zonas tropicais – é nessas zonas, poupadas pelas glaciações, que a diversidade genética é maior –, que não poderiam mais utilizar à vontade os produtos das plantas cultivadas por eles há gerações e gerações[20].

Via Campesina

Esses campos de ação comuns facilitaram a coordenação dos movimentos de trabalhadores rurais e a construção de uma "intervenção camponesa".

A Via Campesina nasceu em maio de 1993, depois da realização de um primeiro encontro em abril de 1992 em Manágua, entre dirigentes camponeses da América Central e da Europa. O parto não foi sem dor, e o fato merece ser mencionado porque ilustra um problema clássico entre movimentos sociais e ONGs. As ONGs que tradicionalmente apoiavam as organizações camponesas se opuseram à criação de uma internacional administrada e controlada diretamente pelos trabalhadores rurais, utilizando os argumentos clássicos nesse tipo de situação: as organizações não estão maduras, vocês serão manipulados etc. Três anos depois, em abril de 1996, quando da segunda conferência internacional da Via Campesina, estão presentes representantes de 69 organizações vindos de 37 países. A presidência do movimento e, efetiva-

---

[20] Veja, por exemplo, o registro de patente da Qinua andina obtido por pesquisadores vindos dos Estados Unidos, mencionado por Sabine Harous em *Les Temps modernes*, nº 607, janeiro-fevereiro de 2000.

mente, seu secretariado, estão nas mãos de Raphael Alegria, de Honduras, e coordenações regionais estão em ação. Bem depressa a Via Campesina ultrapassa suas primeiras esferas de influência, as Américas e a Europa Ocidental, com adesões de organizações de trabalhadores rurais africanos ou asiáticos, na Índia, nas Filipinas ou na Tailândia. Essa ampliação vai colocar novos problemas, e não apenas lingüísticos. Hoje a Via Campesina está presente em cerca de sessenta países e afirma ter mais de 50 milhões de membros. As prioridades que a Via Campesina estabeleceu para si mesma atestam a importância dos temas ligados à globalização nas lutas camponesas atuais[21]: segurança alimentar e abertura do comércio; reforma agrária e mudança social no mundo rural; direitos das mulheres; direitos humanos; agricultura camponesa "sustentável"; bio-segurança e patrimônio genético. A importância para a Via Campesina da luta contra a globalização liberal se manifesta igualmente – e implica um esforço considerável para uma organização com recursos muito limitados – pela presença de camponeses tanto por ocasião das grandes manifestações, caso de Seattle, como durante conferências em que se constituíram os elementos da "outra globalização", como em Genebra em junho de 2000 ou em Porto Alegre em janeiro de 2001. Quando dessas conferências a Via Campesina defendeu a idéia de uma aliança internacional baseada em movimentos sociais, uma "aliança dos povos" para se opor às instituições internacionais e ao acordo das multinacionais. Essa orientação coloca a Via Campesina no centro das discussões dos vários movimentos e campanhas e dá à central camponesa uma responsabilidade particular.

A Assembléia dos Pobres e o MST

As reações à globalização liberal unem os movimentos camponeses na escala internacional mas podem também contribuir para fazer isso no plano nacional. É o que a experiência da Assembléia dos Pobres na Tailândia tende a provar. Nesse país, onde o movi-

---

[21] Veja o *site* da Via Campesina na Internet: www.viacampesina.org

mento operário e a esquerda são fracos, depois do esmagamento do movimento universitário e da guerrilha comunista nos anos 80, e que passa por um período de crescimento econômico na esteira dos "dragões" asiáticos, o sindicalismo dos assalariados e o movimento universitário voltam a deslanchar. Contudo, o que verdadeiramente simbolizou a volta do movimento social foi a Assembléia dos Pobres, fundada em dezembro de 1995. A Assembléia dos Pobres resultou da aliança de vários movimentos e tem dois componentes essenciais. Ela é composta de pequenos camponeses às voltas com problemas de renda derivados do baixo preço dos produtos agrícolas no mercado mundial. E também por velhos trabalhadores rurais, muitas vezes obrigados a trabalhar como assalariados nas aldeias ou nos centros urbanos, que perderam suas terras depois da construção de barragens e não obtiveram nem indenização e nem a possibilidade de se reinstalar em outras regiões do país.

A Assembléia dos Pobres tem como argamassa a luta contra as conseqüências da globalização. Num caso, essa luta se liga à abertura dos mercados e ao desenvolvimento de uma agricultura destinada à exportação. No outro, são as vítimas da política das grandes obras — barragens, no caso — que o Estado deseja realizar a fim de modernizar o país para inseri-lo no mercado mundial.

A Assembléia dos Pobres se organiza por "temas de intervenção". Aos dois principais se somam os pescadores, os trabalhadores da floresta, os empregados das indústrias ligadas à agricultura e os pobres das cidades que não têm onde morar. Trata-se essencialmente de um movimento rural; apenas 10% da Assembléia dos Pobres vive nos centros urbanos. A Assembléia dos Pobres é membro da Via Campesina e foi o impulsionador das mobilizações quando da realização da assembléia da UNCTAD, em fevereiro de 2000, ou por ocasião da reunião do Banco Asiático para o Desenvolvimento, em outubro do mesmo ano.

Não é possível abordar os movimentos de camponeses sem falar do MST, o Movimento dos Trabalhadores Sem Terra do Brasil, um dos pilares da Via Campesina mas também uma referência para todos os setores militantes, tanto do Norte como do Sul.

O MST se impôs inicialmente por seu papel e pelo espaço que conseguiu no Brasil. Num país que João Pedro Stedile[22], um dos principais dirigentes do MST, julga ser o lugar "onde grassa a maior desigualdade social existente em nosso planeta", a concentração das terras nas mãos dos grandes proprietários, os latifundiários — dos quais 45 mil são donos de extensões de terra superiores a mil hectares —, é uma das maiores causas da pobreza e das desigualdades. A luta do MST pela reforma agrária, ilustrada pela palavra de ordem "a luta pela terra é uma luta de todos", é percebida pela população brasileira como uma questão da maior importância para todo o país. Isso explica a popularidade do movimento e os esforços persistentes do poder federal para denegrir uma luta e um movimento que são, de fato, a primeira força de oposição ao governo e que pagam um altíssimo preço por isso: mais de mil trabalhadores rurais e militantes foram assassinados pelas milícias dos latifundiários e pelas forças armadas.

A força do MST se explica também por sua dupla função: a de um movimento de luta pela reforma agrária e pela entrega de terras aos trabalhadores rurais, mas também a de um movimento de "gestão" da produção, nas cooperativas criadas logo que as terras são tiradas dos latifundiários.

Para dar uma idéia da extensão do movimento, no início do ano de 1998, no estado onde nasceu o MST, o Rio Grande do Sul, o movimento tinha obtido a criação de 120 comunidades, envolvendo 16 mil famílias. Ao mesmo tempo, no mesmo estado, 13 mil famílias lutavam para obter terras e organizaram-se treze ocupações de fazendas. No plano federal, as estimativas são da ordem de 150 mil famílias vivendo em comunidades organizadas pelo MST. A responsabilidade pelas coletividades, uma vez obtidas as terras, apresenta, para o MST, uma dupla vantagem: a possibilidade de concretizar suas orientações em matéria de política agrícola — cooperação entre produtores, agricultura orgânica etc. — e um poder de fogo considerável: 10% do tempo útil dos

---

[22] João Pedro Stedile, entrevista no número especial dedicado ao MST, *La Terre*, junho de 2000.

trabalhadores rurais é dedicado às tarefas coletivas e ao prosseguimento da luta.

Essa força militante permite ao MST participar das experiências de luta que se desenvolvem por todo lado — em 1999, 180 delegações do MST foram enviadas para todo o mundo — e apresentar a elas as suas propostas com relação aos trabalhadores rurais como seu projeto, mais geral, de aliança internacional dos povos que o movimento compartilha com a Via Campesina.

À semelhança do que ocorre com a ação do MST, o envolvimento dos movimentos camponeses nas lutas contra a globalização liberal é importante, mas ainda irá se ampliar. As preocupações que eles apresentam são efetivamente as de outros movimentos, os que lutam contra a pobreza e a precariedade, os que se mobilizam em torno das questões ambientais, mas também as dos consumidores e dos cidadãos que estão cada vez mais sensíveis aos limites do produtivismo, como mostra a popularidade de José Bové entre a população urbana.

Os movimentos de luta contra as exclusões e o desemprego, os movimentos urbanos

A inserção das associações de luta contra o desemprego e as exclusões, ou daquelas centradas nas questões urbanas — habitação, serviços públicos —, nos movimentos internacionais não é tão natural quanto à primeira vista se poderia imaginar. Se a relação entre a globalização e o crescimento das desigualdades ou da precariedade do emprego é evidente para todos esses movimentos, não há um ponto de abordagem nas políticas decididas no plano internacional. Problema ao qual se acrescenta o risco da diluição, da fraca visibilidade dos movimentos que temem a marginalidade, inclusive nos grupamentos militantes.

Ao contrário dos sindicatos, esses movimentos não têm de defender os assalariados contra os patrões das multinacionais. Tampouco têm, como os movimentos dos trabalhadores rurais, lugares e momentos naturais de mobilização (as sessões da OMC, por exemplo).

Além disso, as questões que importam a eles são da competência dos Estados, de negociações entre parceiros sociais ou coletividades locais. É importante tudo o que diz respeito à renda (quanto "ganham" os desempregados) e às condições de acesso à habitação ou aos serviços públicos (transportes, energia, água etc.).

O receio da marginalização é mais geral. Diz respeito ao conjunto daqueles e daquelas que não se sentem representados, ou que se sentem mal representados, pelos grupos, categorias ou meios sociais que dominam a palavra e, mais globalmente, a expressão pública contestadora. Já apontei o problema das minorias étnicas. Ele se coloca de modo semelhante para os desempregados e também para alguns setores do movimento feminista.

Apesar dessas dificuldades, os movimentos de luta contra o desemprego e as exclusões — sobretudo os franceses — se apresentaram, desde o início, em todos os eventos mais importantes: em Genebra, desde 1995, quando das primeiras ações contra a OMC; em Chiapas, no verão de 1996, por ocasião dos encontros zapatistas; no "outro Davos", em janeiro de 1999 etc. Antes de apresentar as "marchas européias contra o desemprego, a precariedade e as exclusões" — uma experiência de coordenação internacional que pode dar algumas indicações sobre as alianças em processo de formação no âmbito mundial —, é útil aprofundar o que acabei de falar.

Movimentos de natureza muito diferente

Trata-se em primeiro lugar dos movimentos de desempregados ou de luta contra o desemprego. Com poucas exceções, esses movimentos só existem nos países desenvolvidos, sobretudo na Europa e, mais recentemente, na Coréia do Sul e no Japão.

Uma situação que certamente não se explica apenas por um desemprego que só atinge os países mais ricos, mas também pela existência de *status* específicos, direitos e deveres particulares que delimitam a categoria dos "desempregados".

Em outros lugares há pobres, há subemprego, há, sobretudo, um vasto setor informal em que encontramos, segundo os países, vendedores ambulantes, indivíduos que viram motoristas de táxi, dirigindo o carro que até então era de uso pessoal, guias para turistas e até infelizes que sobrevivem do lixo. Mas há poucas organizações específicas desse setor informal. Alguns raros sindicatos, como a CTA²³ argentina, estão tentando se implantar nesse setor: a CTA organizou dos dias 26 de julho a 9 de agosto de 2000 uma "grande marcha pelo trabalho", na qual reivindicou para os desempregados um salário de 2.700 francos por domicílio, mais 450 francos por filho. Movimentos de trabalhadores rurais têm "braços urbanos", como a Assembléia dos Pobres da Tailândia, na qual se desenvolvem estruturas aparentadas, e o MST brasileiro, que criou um movimento urbano agregando os pobres, os desempregados e os sem-teto.

Há um caso muito original: o movimento marroquino dos Desempregados Diplomados, que há décadas mobiliza em todo o país dezenas de milhares de universitários que não conseguiram se empregar. O sistema escolar marroquino foi uma ferramenta de ascensão social enquanto o desenvolvimento do Estado, depois da descolonização, e o êxodo progressivo dos franceses garantiram uma colocação aos diplomados – freqüentemente de origem modesta – do ensino superior. Esse tempo acabou e o desemprego é o destino de muitos universitários, inclusive aqueles formados pelas grandes escolas. Os Desempregados Diplomados multiplicaram os contatos internacionais e participaram de muitas conferências internacionais dos movimentos sociais, inclusive a de Genebra, em junho de 2000.

Esse exemplo não foi seguido por outros países, e o essencial da organização das populações urbanas deserdadas, são as associações de bairros, os "movimentos urbanos populares".

Esses movimentos tiveram um grande crescimento na América Latina nos anos 80. Tratava-se freqüentemente, na origem, de órgãos de defesa de moradores que tinham se instalado ilegalmente numa periferia urbana e esperavam dar um caráter permanente à sua instalação obtendo das autoridades uma licença para construir ou um documento de propriedade. Tratava-se também

---

²³ A CTA, Central de Trabalhadores Argentinos, é um dos três principais sindicatos argentinos, com a CGT, sindicato histórico ligado ao peronismo, e a CGT dissidente, mais militante. Veja *Observatorio Social de America Latina* (OSAL), nº 2, Consejo Latinoamericano de Ciencias Sociales (CLACSO), Buenos Aires, setembro de 2000.

de dar uma resposta às carências do Estado em matéria de serviço público, até mesmo de dar uma resposta a uma situação de urgência, como na Cidade do México depois do terremoto de 1985. Esses movimentos perderam força na última década, por várias razões: desaparecimento das organizações de extrema esquerda que neles atuavam; explosão demográfica dos grandes centros urbanos, que dificultou o trabalho das associações e dos movimentos; desenvolvimento das ONGs, que freqüentemente desautorizavam as equipes militantes e contribuíam para o seu enfraquecimento etc.

Mas a retomada das lutas em vários países revitalizou esses movimentos, que voltam a ocupar seu lugar nas redes militantes, das quais são um componente essencial: seus temas – habitação, serviços públicos, ambiente, gestão das megalópoles – são de importância fundamental para qualquer elaboração de respostas alternativas à ordem neoliberal.

As marchas européias contra o desemprego

As "marchas européias contra o desemprego, a precariedade e as exclusões"[24] são uma experiência interessante, pois em alguns aspectos elas prefiguraram traços que podem ser vistos nos movimentos que lutam contra a globalização liberal. A idéia nasceu em 1995, depois da experiência francesa das grandes marchas contra o desemprego organizadas na primavera de 1994 por iniciativa da AC!, e numa época em que a Europa inteira passava por uma onda de desemprego e pobreza.

O primeiro motivo que impulsionou os movimentos de luta contra o desemprego a organizar uma ação de âmbito continental foi a análise das políticas da União Européia. Não havia ali nenhuma política social – isso ficava na competência dos Estados –, mas sim uma política econômica ativa, com conseqüências sociais evidentes. O tratado de Maastricht tinha acabado de ser

---

[24] Vários artigos relataram essa experiência. É possível consultá-los na Internet, no site de marchas; ou então nos livros Les Sentiers de la colère, coord. por Bertrand Schmitt e Patrice Spadoni, L'Esprit Frappeur, Paris, 2000, e Europe. Modes d'emploi, Syllepse, Paris, 1997.

assinado e o debate da época se concentrava nos "critérios de convergência", que visavam reduzir os déficits orçamentários e eram o argumento utilizado para justificar os cortes nos orçamentos sociais. A esse argumento de base se acrescentou uma dimensão mais operacional. Os movimentos sociais europeus estavam, e ainda estão, divididos quanto à sua abordagem da Europa. Alguns insistem nas políticas de desregulamentação implantadas no âmbito comunitário, que fazem da União um mero instrumento da globalização econômica, e com base nesse argumento militam por uma limitação dos poderes da Europa, quando não por um desmantelamento da União. Outros imaginam o que a Europa poderia ser... e militam, pelo contrário, por um reforço das prerrogativas sociais, fiscais ou ambientais da União. Essas clivagens dividem os movimentos de acordo com dois eixos: um é ideológico, sendo os movimentos radicais freqüentemente mais críticos em relação à União que os mais moderados; o outro é geográfico, com os países escandinavos e a Grã-Bretanha tendo uma tradição "eurocética" muito mais forte que os países do centro e do sul da Europa. Para sair dessa oposição, estéril sob muitos aspectos, seria preciso uma conduta militante comum, que partisse do que eles têm de fundamental e de suas reivindicações. Uma conduta que construísse na Europa uma rede de luta capaz de favorecer o conhecimento recíproco dos vários movimentos e de organizar mobilizações amplas e significativas o suficiente para tornar patente a existência de uma alternativa tanto para a Europa liberal como para um recuo a respostas apenas nacionais.

Surgida de uma união de forças limitadas (essencialmente as redes francesas de luta contra o desemprego e as exclusões, e algumas correntes da esquerda do sindicalismo na Espanha e na Itália), a rede das marchas se ampliou e construiu verdadeiras mobilizações de massa. Marchas que, ocorridas inicialmente em Tânger, na Lapônia, na Irlanda e na Bósnia, pontilharam a Europa durante dois meses na primavera de 1997, e manifestações de mais de 300 mil pessoas, em Amsterdã, na primavera de 1997, e em Colônia, em junho de 1999.

A partir dessa experiência, três observações podem ser úteis para a reflexão dos movimentos que se constroem em escala mundial.

Em primeiro lugar o funcionamento das "marchas européias": trata-se de uma rede aberta, sem estruturas pesadas nem estatuto limitador, que por isso pode reunir forças muito diferentes em torno de mobilizações e de iniciativas práticas. Um funcionamento desse tipo é indispensável para preparar ações, mas é também um quadro que permite fazer avançar os debates. Mike Allen[25], ex-secretário geral do importante movimento de desempregados irlandeses, o INOU, relata como as marchas permitiram o confronto de correntes keynesianas favoráveis às grandes obras públicas para criar emprego e correntes ecológicas radicais mobilizadas contra políticas desse tipo, na Grã-Bretanha e no sul da Europa.

A capacidade dessas iniciativas desencadearem outras também merece ser destacada: as marchas e a mobilização de apoio aos grevistas da Renault-Vilvorde, na Bélgica, desempenharam um papel na revitalização da CES (Confederação Européia de Sindicatos), que não organizava mobilizações havia cerca de quinze anos. No outono de 1997, alguns meses depois da greve de Vilvorde e da manifestação de Amsterdã, a CES se lançou numa primeira mobilização em Luxemburgo e em 2000 organizou manifestações no Porto e depois em Nice.

Última observação: as "marchas" participaram do esboço de um "espaço público europeu", ajudando na elaboração de reivindicações comuns aos vários países e contribuindo, com suas mobilizações espetaculares – as marchas e as manifestações –, para o estabelecimento de uma grade de referências indispensável ao início da formação de uma memória coletiva. Elas também contribuíram dando um lugar e um papel particulares às associações de desempregados e de excluídos. Esse destaque dado a setores quase sempre marginalizados possivelmente fornecerá idéias para as futuras mobilizações internacionais.

---

[25] Mike Allen, *The bitter world*, Poolberg Press, Dublin, 1998.

Atores em mudança, movimentos em plena ascenção 165

A marcha mundial das mulheres

"Caso vocês não saibam, a globalização também tem sexo!" Começando com essas poucas palavras, Lorraine Guay, militante feminista de Quebec, explica por que a "marcha mundial das mulheres"[26] participa das conferências e reuniões que agrupam vários movimentos atuantes no âmbito internacional, de Genebra a Porto Alegre.

A idéia da Marcha Mundial partiu da Federação das Mulheres de Quebec[27], que tinha organizado em 1995 uma marcha de dez dias em que utilizou um *slogan* baseado na letra de uma canção americana do início do século, "Bread and roses". Essa marcha reuniu 850 mulheres e foi saudada por 15 mil pessoas. Apresentavam-se nove reivindicações, essencialmente de ordem econômica: aumento do salário mínimo, igualdade salarial etc.

Dado o sucesso obtido, as militantes de Quebec propuseram outra marcha, esta de âmbito mundial, para o ano 2000. O sucesso do encontro preparatório de outubro de 1998 em Montreal, com 140 delegadas vindas de 65 países, permitiu lançar a dinâmica impulsionando a criação de comissões de organização da marcha em cada país. A linha escolhida foi marchar "contra as violências e a pobreza", e a data de chegada, 17 de outubro de 2000, em Nova York, sede da ONU, foi escolhida por causa da Jornada Internacional contra a Miséria, que aconteceria no mesmo dia, lançada originalmente pelo movimento ATD Quarto Mundo.

A plataforma era ampla, como escreve Françoise David[28], presidente da federação de Quebec: "As razões para se marchar são numerosas; as mulheres têm pelo menos duas mil, como diz nosso *slogan*. A marcha mundial do ano 2000 interpela assim todos os dirigentes do planeta com um grito de revolta e exigências precisas. As mulheres prepararam uma plataforma de reivindicações e a

---

[26] O site da Marcha Mundial das Mulheres na Internet é: www.ffq.qc.ca/marche2000

[27] "Elles veulent du pain et des roses", em *Le Courrier*, jornal suíço, www.lecourrier.ch/femmes

[28] Françoise David, "Une marche mondiale", *Le Monde Diplomatique*, Paris, junho de 2000.

dirigiu às Nações Unidas, ao Fundo Monetário Internacional e ao Banco Mundial. Suas exigências confluem com as dos militantes, homens e mulheres, engajados na luta contra a globalização e seus efeitos devastadores e para a defesa dos direitos humanos".

O lançamento oficial ocorreu no dia 8 de março de 2000 em Nova York, Montreal e Genebra, onde muitos milhares de mulheres estavam presentes. Em junho vários países, entre os quais a França, organizaram manifestações nacionais, e no dia 14 de outubro a marcha reuniu cerca de 30 mil pessoas em Bruxelas, e em Nova York várias dezenas de milhares de mulheres se concentraram para levar milhões de cartas-petições ao secretário-geral da ONU.

Algumas militantes já haviam trabalhado juntas, cinco anos antes, por ocasião da quarta Conferência Mundial das Mulheres, organizada pela ONU em Pequim. A marcha mundial, graças à sua total autonomia em relação às instituições, foi mais livre e pôde decidir sobre sua plataforma com toda independência, mas o papel dessas grandes conferências internacionais, em que as ONGs e as associações são cada vez mais numerosas, não deve ser negligenciado. A conferência do Rio de Janeiro sobre o ambiente, em 1992, marca certamente uma reviravolta. A mobilização paralela à conferência de cúpula da ONU, com a presença de centenas de ONGs ambientais, teve um grande impacto e, depois dessa data, todas as grandes conferências são ocasiões para encontros paralelos nos quais milhares de militantes podem tomar pé da situação e preparar suas próprias iniciativas. O encontro na antecâmara das instituições internacionais não é neutro e pode facilitar as operações que visam integrar uma parte das ONGs, associações e sindicatos em seu dispositivo. Mas, do mesmo modo como os primeiros contatos entre os sindicatos ingleses e os operários do continente que queriam, também eles, se organizar ocorreram nos bastidores das exposições internacionais da segunda metade do século XIX, o "outro lado" das conferências oficiais desempenhou um papel na tomada de consciência da necessidade de organizar reações internacionais.

O sucesso global da marcha mundial não deve esconder algumas debilidades, sendo a mais grave delas uma desigualdade de envolvimento das regiões e dos continentes. A Ásia e o mundo anglo-saxônico estavam pobremente representados em Nova York. As mobilizações nacionais foram limitadas. Evidenciaram-se diferenças culturais: as canadenses que não eram de Quebec, por exemplo, tiveram uma representação pequena, pois não se reconheciam numa iniciativa de tipo global, tendo uma tradição de campanhas mais circunscritas.

Mas essas diferenças de cultura militante podem ser superadas. A radicalização, nos Estados Unidos, de setores da juventude e do movimento sindical facilita condutas mais ideológicas e globais.

Contudo, as dificuldades não foram todas solucionadas, particularmente as que dizem respeito ao encaminhamento em comum das lutas, preocupações e condutas militantes. Isso foi feito na França, onde o reconhecimento do movimento de defesa dos direitos das mulheres coincidiu com a retomada das lutas: no dia 25 de novembro de 1995, alguns dias antes de a greve geral dos serviços públicos paralisar o país, cerca de 40 mil pessoas se manifestaram em Paris para defender o direito ao aborto.

Isso foi visivelmente mais difícil em outros países. Nos Estados Unidos, por exemplo, o NOW, o movimento feminista que teve um papel fundamental nos anos 70, não se ligou realmente aos movimentos de contestação da *corporate globalization*. Assim, o que está em jogo é a capacidade de fazer convergir as aspirações e permitir que os movimentos que surgem hoje não sejam simplesmente antiliberais e radicais, mas integrem também a dimensão feminista.

As ONGs

O desenvolvimento das ONGs coloca uma série de problemas importantes que são, na verdade, muito pouco abordados. Dando alguns exemplos, vou me limitar a indicar alguns elementos de reflexão.

Duas observações preliminares se impõem.

A primeira diz respeito à definição daquilo a que chamamos ONG.

Vou descartar tudo o que envolve apenas os movimentos sociais, dos quais já falei e que às vezes são classificados sob o rótulo de ONGs.

Tratarei em separado das ONGs que são efetivamente centros de estudos e de análises, *think tanks* de esquerda que publicam notas, jornais ou *newsletters* eletrônicas. Sobram três grandes categorias de ONGs. As que se ocupam dos direitos humanos — sendo a Anistia Internacional a mais conhecida delas. As que tratam da "urgência" (alimentar ou médica), como os Médicos do Mundo ou os Médicos sem Fronteiras. E por fim as que se ocupam do "desenvolvimento" e que, em diferentes campos, procuram ajudar os países do hemisfério Sul. Nessa categoria podemos incluir a Oxfam, de origem inglesa, ou a CCFD (Comissão Católica contra a Fome e pelo Desenvolvimento), da França.

Para complicar o todo, é preciso juntar uma categoria híbrida de organizações cuja função é antes de mais nada organizar campanhas. É o caso dos ambientalistas, sendo o Greenpeace e os Friends of the Earth — FoE, os "Amigos da Terra" — os mais importantes, mas alguns incluem no rótulo de ONGs as estruturas que impulsionam campanhas, como as coalizões Jubileu 2000 para a anulação da dívida dos países pobres.

A segunda observação diz respeito ao lugar ocupado pelas ONGs. Não há um discurso de dirigente de instituição internacional que não as louve. Não há mais nenhuma conferência sem a presença delas. Os organizadores de Davos, aliás, fizeram do convite a 69 delas o objeto de sua sessão de 2001.

A referência às ONGs sempre se liga à noção de "sociedade civil", da qual supostamente elas são a emanação.

Nas hierarquias simbólicas, os Estados e os partidos políticos, mas também os sindicatos e os movimentos sociais considerados demasiado conflituosos, ficam na parte inferior da escala, em benefício da sociedade civil representada pelas ONGs e — embora digamos isso em voz baixa — pelas empresas. A função ideológica de um tal privilegiamento pelas instituições internacionais é evidente. Deixando de lado a opinião, freqüentemente favorável às ONGs, trata-se de desviar uma parte do movimento de contestação que corria o risco de tirar a legitimidade dessas instituições, criando um espaço ao lado e diante dos governos, sobretudo o dos Estados Unidos.

Esse reconhecimento vai aumentar ainda mais o impacto das ONGs, cujo número não pára de aumentar.

As ONGs nasceram de uma origem dupla: as guerras — a primeira ONG, a Cruz Vermelha, foi criada em 1863, depois da batalha de Solferino; e a descolonização, no pós-Segunda Guerra Mundial, que marcou o início das ONGs de desenvolvimento. Mas o número das ONGs passa a crescer exponencialmente a partir dos anos 80: 40 ONGs internacionais estão autorizadas pela ONU em 1945, 400 em 1970, 800 em 1990 e 2.010 hoje; se ampliamos para aquelas que não são autorizadas, as estimativas em 1995 eram de 29 mil ONGs internacionais, e no âmbito nacional os Estados Unidos, apenas, contam provavelmente dois milhões.

Esse crescimento, anterior ao reconhecimento de que gozam as ONGs, se explica pela combinação de dois elementos.

O primeiro é a evolução da opinião e das formas de engajamento, o que ocorre a partir dos anos 80: as ONGs, como o setor de caridade e humanitário, experimentam um crescimento inversamente proporcional ao do engajamento em movimentos sociais ou, pior ainda, nas organizações políticas. Toda uma geração cresceu entre os "Restos du Coeur"* e os concertos para a Etiópia. A única renovação militante dos anos 80 foi o SOS Racismo, que retomou por conta própria o engajamento humanitário.

Posteriormente, como reconhece *The Economist*[29], é uma questão de privatização. "Os governos preferem fazer passar a ajuda por meio das ONGs e não pelos canais oficiais, porque é menos dispendioso, mais eficaz, ao mesmo tempo que permite manter a distância". A União Européia é uma das instituições internacionais que privilegiam esse método. Entre 1990 e 1994 a parte dos fundos de ajuda européia que transitou pelas ONGs passou de 47% para 67%. Os montantes em jogo são enormes, e a Cruz Vermelha considera que as somas distribuídas pelas ONGs são maiores que as que passam via Banco Mundial.

---

* Refeitórios onde durante o inverno se servem refeições gratuitas aos pobres. (N. T.)
[29] "NGOs, sins of the secular missionaries", *The Economist*, 29 de janeiro de 2000.

No hemisfério Sul o balanço é pelo menos contrastado. Rony Brauman[30] falou, do ponto de vista dos "urgentistas", sobre os limites da ação humanitária. "A confusão dos gêneros e a ambigüidade estão na própria natureza da ação humanitária, cujo campo privilegiado continua sendo a violência política e social. Cada vez que intervimos somos presos nas malhas da armadilha política".
As ONGs de desenvolvimento não são menos isentas de críticas. Sonia Arellano-Lopez e James Petras[31], a partir do caso da Bolívia, testemunham o problema geral colocado pelo aumento de poder das ONGs em relação a Estados cujas capacidades de financiamento se reduziram em razão dos planos de ajuste estrutural. "As ONGs [...] usurparam o espaço político que anteriormente pertencia às organizações populares. Essas organizações — sindicatos, cooperativas, federações indígenas — se originaram nas lutas políticas de trabalhadores, camponeses e índios, e tinham sido seu principal veículo de expressão política em relação aos governos nacionais. A contração dos organismos do Estado, decorrente do ajuste estrutural, reduziu a capacidade destes de responder às exigências das organizações populares e tornou mais difícil a mobilização [...] A preferência das organizações financiadoras internacionais por financiar as ONGs [e não os Estados] — com base no fato de elas serem eficazes para assistir a população carente — [...] aumentou o isolamento político dos pobres".

Em países como o Cambodja, com estrutura de Estado totalmente deficiente, esse problema geral se alia à concorrência entre as ONGs para a divisão de responsabilidades em matéria de saúde ou de desenvolvimento, aumentando ainda mais a infantilização das populações locais.

Sob outros aspectos, o balanço das ONGs é bem mais positivo. Elas foram as primeiras, por exemplo — graças à sua presença

---

[30] Rony Brauman, "L'humanitaire n'as pas vocation à être un Père Noël universel", *Le Monde*, 15 de outubro de 1999.
[31] Sonia Arellano-Lopez e James Petras, em *Alternatives Sud*, dedicado às ONGs, quarto trimestre de 1997.

entre a população –, a perceber os desgastes causados pelas grandes obras públicas, como as barragens, apoiadas pelo Banco Mundial.

De modo mais geral, o problema que se colocará para as ONGs será a escolha entre a independência e a aliança com os movimentos sociais ou um papel de subcontratantes que se submetem às concorrências abertas pelos governos e instituições internacionais. Mesmo se as escolhas reais vierem a ser menos extremas que as resumidas nessa alternativa, será em torno dessas questões que as ONGs deverão se definir, e isso se coloca de modo muito prático.

Durante a guerra de Kosovo, na qual a Itália desempenhou um papel determinante no apoio às populações albanesas e kosovares, o movimento associativo e as ONGs tiveram de escolher entre uma operação organizada pelo governo sob o título Arco di Balena (arco-íris) – para reunir todas as iniciativas numa estrutura em que o exército desempenhava um papel essencial – e a salvaguarda da sua independência, sem a qual não se garantia uma ajuda direta aos sindicatos e às associações albanesas e kosovares.

Os conflitos sobre a questão das *sweatshops*, que agitam os campi americanos, se ligam à mesma lógica. De um lado há a Fair Labour Association, na qual algumas ONGs aceitaram se aliar, sob a égide do governo, a multinacionais. Do outro há o Workers Rights Consortium Council, no qual encontramos, com toda a autonomia em relação ao governo e às multinacionais, pesquisadores, ONGs e sindicatos.

A retomada do ímpeto dos movimentos sociais facilitará as alianças e sinergias: muitos militantes de ONGs, tanto os militantes de base como os profissionalizados, estão se envolvendo nesses movimentos sociais. Em vários países já se assistiram a experiências de alianças entre ONGs, sindicatos e movimentos sociais, em torno de mobilizações de campanhas como a da anulação da dívida dos países do Terceiro Mundo, e em alguns anos os contatos terão se multiplicado.

Um dos aspectos centrais, nesse contexto, será a resposta das ONGs – assim como dos sindicatos – aos convites feitos pelo

Banco Mundial ou pela ONU. Muitos, desde a Anistia Internacional até a CISL, aceitaram entrar na Global Compact, a estrutura comum a algumas multinacionais, ONGs e ONU, sendo que esta se beneficia, entre as instituições internacionais, de um julgamento antecipado relativamente favorável.

5
Campanhas e iniciativas comuns

A evolução dos atores sociais é mais rápida quando eles se envolvem numa série de campanhas e iniciativas. Tudo se acelerou depois de Seattle, em torno de três tipos de mobilizações e de momentos importantes para o desenvolvimento dos movimentos de luta contra a globalização liberal: as campanhas – pela anulação da dívida ou pela taxa Tobin –, as iniciativas de massa – Seattle, Washington, Praga, Melbourne, Nice, Buenos Aires, Quebec – e as conferências – Bangcoc, Genebra, Porto Alegre. Embora essa divisão seja um pouco arbitrária – as manifestações de massa freqüentemente se ligam às campanhas (Seattle na campanha em torno da OMC, Washington e Praga na que se opôs ao FMI e ao Banco Mundial) e as conferências suscitam a organização de manifestações de rua –, ela permite distinguir as funções dessas iniciativas e avaliar melhor os avanços realizados.

As campanhas

As campanhas se centram num tema e num conjunto de reivindicações. As duas mais importantes – pelo número de organizações, redes e países envolvidos – são a campanha pela anulação da dívida e a que se opôs à ampliação das competências da OMC.

Jubileu 2000

"O Eterno falou a Moisés na montanha de Sinai, e disse: '[...] Contarás sete semanas de anos, sete vezes sete anos, de maneira que os dias das sete semanas de anos te serão quarenta e nove anos [...] Santificareis o ano qüinquagésimo, e proclamareis liberdade na terra a todos os seus moradores: ano de jubileu vos será [...] Se teu irmão empobrecer e se vender a ti [...] ele ficará a teu serviço até o ano do jubileu. Então sairá da tua casa, ele e os filhos com ele, e voltará para sua família, na propriedade de seus pais'."[1]

Martin Dent, professor universitário inglês atualmente aposentado, teve em 1990 a idéia de retomar o conceito de jubileu tal como ele é exposto no Antigo Testamento para aplicá-lo à dívida dos países do Terceiro Mundo.

Martin entrou para a Debt Crisis Network, que decidiu, em 1994, lançar uma campanha e contratou Ann Pettifor[2] para realizá-la.

A campanha Jubileu 2000 – o ano 2000 foi a data escolhida pela Igreja católica para comemorar o Jubileu – se instalou na Grã-Bretanha dois anos mais tarde, na primavera de 1996, com o apoio da Christian Aid, uma das principais ONGs inglesas. O sucesso da campanha foi muito rápido e em outubro de 1997 estabeleceu-se uma coalizão com vários sindicatos, ONGs, movimentos de mulheres e organizações de refugiados. Em junho de 1998 o Jubileu 2000 foi capaz de reunir 70 mil pessoas numa corrente humana que cercou o G7 em Birmingham.

Foi o início de uma campanha internacional de enorme penetração. Em dois anos, coalizões Jubileu 2000 foram organizadas em 66 países, o Jubileu participou de centenas de manifestações e conseguiu recolher em 166 países 24 milhões de assinaturas para uma petição, um recorde absoluto.

A questão da dívida é freqüentemente a principal preocupação dos meios militantes dos países do Terceiro Mundo. O primeiro

---

[1] Levítico.

[2] Sobre o nascimento do Jubileu 2000 veja Ann Petifor, "The birth of Jubilee 2000 campaign", na revista católica *Mondo e Missione*.

sinal de alarme foi dado no México[3] em 1982, quando esse país se viu na impossibilidade de pagar os juros da dívida. Estes tinham acabado de aumentar consideravelmente, num momento em que a recessão da economia mundial levava à queda das exportações dos países endividados. A partir dessa data a dívida se tornou um problema grave para todos os países do Terceiro Mundo.

Graças ao seu impacto, a campanha Jubileu 2000 reuniu iniciativas preexistentes. Na França, a campanha "Ça Suffat comme Ci"*, lançada por ocasião da reunião do G7 em 1989, ano do bicentenário da Revolução Francesa, teve uma grande repercussão. Se não tivesse havido a continuidade dessa campanha na França dos anos 90, outros países, como a Bélgica, com o CADTM (Comité pour l'Annulation de la Dette des Pays du Tiers-Monde), teriam garantido a sua continuidade.

O próprio desenvolvimento da campanha Jubileu 2000 no plano internacional não tardaria a levar ao surgimento de uma divisão.

A coalizão britânica se apoiava num móvel moral reforçado pela referência religiosa, que se valia da simbologia — a escravidão e as cadeias da dívida —, e escolheu um ângulo de ataque minimalista: a anulação da dívida dos países mais pobres. O G7, o FMI e o Banco Mundial aceitaram uma redução condicional da dívida dos quarenta países mais pobres, quase todos africanos. A essa lista o Jubileu 2000-GB acrescentou doze outros países, entre eles Filipinas, Peru, Marrocos, Nigéria e Zimbábue. A dívida desses 52 países chegava a cerca de 400 bilhões de dólares, sendo que a dívida total dos países do hemisfério Sul ultrapassava dois trilhões de dólares.

Outros coletivos e coalizões dos países do Norte — como o CADTM —, mas sobretudo dos do Sul, eram favoráveis à ampliação da campanha e exigiam a anulação da dívida do conjunto dos países do hemisfério Sul. Essa orientação repousava em questões de princípio: os países do Terceiro Mundo já haviam permi-

---

[3] Éric Toussaint, *La bourse ou la vie*, Luc Pire, Bruxelas, 1998.

* "Já Basta". O nome joga com uma troca de sons que passa também a idéia de "é assim que se faz". (N. T.)

tido aos do hemisfério Norte tirar o devido proveito de suas riquezas, na história recente assim como na época colonial. Mas ela também se explicava por razões práticas: era difícil, num país do hemisfério Sul como o Brasil ou a África do Sul, realizar uma campanha por um perdão da dívida explicando que aquele país não seria beneficiado por ele.

Dessa divisão nasceu a coalizão Jubileu Sul, constituída formalmente por ocasião da conferência de cúpula Sul-Sul, realizada em Johannesburg em novembro de 1999 depois de contatos preliminares em Roma, em 1998, por ocasião do primeiro encontro internacional das coalizões Jubileu 2000, e em Colônia, em junho de 1999, paralelamente à reunião do G7. O Jubileu Sul foi então dotado de estatutos e estruturas, e os militantes filipinos e sul-africanos tiveram um papel decisivo nesse trabalho.

Um segundo debate dividiu o Jubileu Sul e o Jubileu 2000-GB: o da condicionalidade das anulações de dívidas. O problema se colocou desde que as instituições internacionais adotaram medidas de redução da dívida dos países mais endividados. A medida não foi, de modo algum, incondicional: o relatório anual do FMI no ano 2000 lembrou que o país considerado pretendente aceitável "deve cooperar com o FMI e o Banco Mundial para estabelecer bons antecedentes em matéria econômica e social". Se todas as coalizões Jubileu 2000 se opuseram a essas exigências – que obrigavam os países pobres a aplicar as políticas neoliberais –, elas divergiram quanto ao próprio princípio da condicionalidade. Diante do passivo de situações em que ditadores foram responsáveis por uma boa parte do endividamento – Éric Toussaint[4] lembra que a fortuna de Mobutu era de oito milhões de dólares e a dívida do Zaire totalizava 13 milhões –, o Jubileu 2000-GB pronunciou-se por um "processo independente de arbitragem", com uma estrutura independente em que a sociedade civil estaria representada[5]. O Jubileu Sul, por sua vez, rejeitou um sistema que reintroduziria os países do hemisfério

---

[4] Éric Toussaint, *La bourse ou la vie*, op. cit.
[5] Cf. Ann Pettifor e Joseph Hanlon, *Kicking the habit*, Éditions Jubilee 2000 Coalition.

Norte no processo decisório da anulação da dívida. Daí a reivindicação de um perdão incondicional, mas acompanhada de uma exigência de transparência e de democratização nos regimes dos países do hemisfério Sul.

Os debates entre os diversos componentes do Jubileu 2000 foram muito animados, mas não reduziram as mobilizações pela anulação da dívida nem prejudicaram a capacidade das várias coalizões de se ligar a outros movimentos: os Jubileus estavam em todas as conferências.

As ocasiões em que houve mais mobilização pela anulação da dívida foram as reuniões do G7: Birmingham em 1998, Colônia em 1999 e depois Gênova em 2001, momento escolhido por todas as coalizões nacionais. O último encontro importante dessa campanha, realizado em Dakar em dezembro de 2000, propôs que o dia 21 de junho, data do G7, fosse decretado o Dia Mundial de Mobilização pela Anulação da Dívida dos Países do Terceiro Mundo.

A campanha sobre a OMC

Originalmente havia redes, que depois de vários anos se mobilizaram em torno das conseqüências da abertura generalizada dos mercados.

Nos Estados Unidos as mobilizações tinham começado – graças sobretudo ao Public Citizen – quando das negociações sobre o NAFTA, a zona de livre comércio estabelecida no dia 1º de janeiro de 1994 com o México e o Canadá, assim como sobre a questão do Fast Track, procedimento rápido implantado para limitar as margens de manobra do Congresso nas negociações comerciais.

No âmbito internacional, os primeiros encontros aconteceram a propósito da Rodada do Uruguai, o ciclo de negociações do GATT que culminou com a criação da OMC em 1995. Nela a Third World Network[6], criada por Martin Khor, desempenhou um papel importante, e a primeira manifestação internacional foi organi-

---

[6] Third World Network, www.twside.org.sg

zada em Genebra, em 1995, para protestar contra a criação da OMC.

A essas duas redes, presentes desde a origem, é preciso acrescentar os ecologistas: Friends of the Earth e Greenpeace, que desde 1994 se mobilizaram em torno da questão dos seres vivos nas TRIPs[7] e nos alimentos transgênicos.

A primeira vitória obtida foi com relação ao AMI, em 1998, celebrada no final de uma campanha coordenada dos dois lados do Atlântico. A França desempenhou nela um papel importante; a sede da OCDE fica em Paris, e conseguiu-se sensibilizar a opinião graças, entre outras, à mobilização dos artistas e de profissionais do cinema. E foi na França que a vitória se consumou, com o governo se retirando das negociações. As campanhas nos Estados Unidos e no Canadá também foram muito importantes, com Lori Wallach, do Public Citizen, aderindo publicamente.

Reuniões de coordenação foram organizadas em Paris, em fevereiro, abril – com doze países representados – e setembro de 1998, logo depois do anúncio da vitória.

A campanha em torno da OMC teve uma amplitude muito diferente.

Seattle foi seu momento mais forte, mas antes das manifestações a frente tinha se ampliado bastante e o debate estava se realizando publicamente em vários países, inclusive na França e nos Estados Unidos.

O eixo de atuação escolhido pela maioria das ONGS e movimentos engajados na campanha foi a "moratória nas negociações". Alguns componentes, sobretudo oriundos do mundo sindical, se limitaram a reivindicações setoriais: nesse caso uma "parte social", ou, mais precisamente, o estabelecimento de "cláusulas sociais" no contexto da OMC. Mas a idéia da "moratória" se impôs muito amplamente e foi o ponto de destaque de um manifesto

---

[7] TRIP: Trade-Related Intellectual Property Rights, negociações sobre o comércio e os direitos sobre a propriedade intelectual. Essa é uma das partes mais delicadas das negociações no contexto da OMC, pois atinge tanto a criação artística como as patentes registradas sobre seres vivos.

assinado por mais de 1.200 organizações, ONGs e movimentos de todo o mundo. Entre estes, várias organizações americanas, inclusive o IFG (International Forum on Globalization), uma estrutura de debate e reflexão criada em 1994 da qual fazem parte as principais figuras dos movimentos que se opõem à globalização liberal: Martin Khor, Susan George, Walden Bello e outros.

A moratória permitiu reunir preocupações diversas: os trabalhadores rurais e os ambientalistas, sensíveis às questões de segurança alimentar e de biodiversidade, e também ao problema dos transgênicos; as profissões da cultura, que receiam uma uniformização da criação sob a hegemonia americana (elas estavam particularmente mobilizadas na França); os sindicalistas, que rejeitam o "*dumping* social" e as deslocalizações de emprego; os defensores dos serviços públicos etc. A moratória permitiu também reunir os radicais e os moderados, os partidários de uma reforma da OMC – porque é indispensável ter regras – e os partidários da sua abolição – porque essa estrutura só é capaz de estabelecer regras ruins. Provavelmente teria sido difícil manter tal frente se as negociações tivessem prosseguido, mas o fracasso da OMC em Seattle legitimou o caminho escolhido: a "moratória" foi, de fato, obtida.

Assim, o mesmo tipo de orientação foi adotado para a etapa seguinte, a assembléia geral que se realizará em Qatar em novembro de 2001: "Sem nova rodada!" Essa conduta – a não-aceitação do início de um novo processo de negociação – colocará menos problemas ainda para os vários movimentos, porque as discussões previstas pela OMC em Qatar se concentrarão no comércio de serviços. Ali se encontrarão novamente os campos de batalha familiares aos sindicatos, movimentos e ONGs: os serviços públicos, a propriedade intelectual, os serviços culturais. Uma frente comparável à de Seattle está prestes a se pôr de pé. Na verdade desde março de 2000 adotou-se um "apelo de Boston" para manter a pressão. Além disso, em março de 2001 os vários movimentos se encontraram em Genebra para coordenar as ações internacionais.

Para a assembléia geral de Qatar, a frente dos movimentos e organizações deve permanecer unida. Contudo, os debates não serão tão bem ordenados quanto os que ocorreram em Seattle.

Na verdade persiste a divisão entre radicais e moderados, ou seja, defensores da abolição *versus* defensores da reforma da OMC. Essa divisão não deveria frear a globalização: nenhum debate sobre a reforma da instituição está na ordem do dia. A OMC está longe disso; ela tenta a duras penas gerir a busca da política neoliberal tradicional em face dos riscos de paralisia provocados pelas pressões ou divergências entre as grandes potências.

Mais difícil é o debate sobre as cláusulas sociais. Esse debate é conduzido por uma parte importante do movimento sindical, particularmente a CISL. A idéia é simples: existe um conjunto de direitos elementares — a OIT (Organização Internacional do Trabalho) fez uma relação desses direitos[8]; deve-se fazer tudo para que eles sejam respeitados; sendo a OMC uma das únicas organizações internacionais que têm poder de sanção, é preciso condicionar a liberdade de comércio ao respeito a esses direitos elementares. Algumas ONGs sugeriram então uma conduta semelhante com relação às questões ambientais.

Essa proposta foi rejeitada por várias ONGs e movimentos, sobretudo os do hemisfério Sul, temerosos de que tudo isso fosse pretexto para medidas protecionistas dos países do hemisfério Norte e convictos de que uma tal conduta só iria reforçar a legitimidade da OMC. Essa é a posição defendida por Nicola Bullard[9], do Focus on the Global South, segundo o qual a adoção dessas cláusulas não teria nenhum impacto sobre a maioria dos trabalhadores dos países do hemisfério Sul, não sindicalizados e que fazem parte do "setor informal", sendo "os esforços da CISL mais bem dirigidos [...] se se voltassem para o combate à lógica neoliberal e à legitimidade das instituições que levam ao respeito às regras do sistema".

---

[8] A relação da OIT compreende as liberdades sindicais e convencionais, a proibição do trabalho forçado e do trabalho infantil, assim como o respeito à igualdade de tratamento.

[9] Nicola Bullard, "The world's workers need solidarity, not sanctions", na revista *Development*, vol. 43, nº 2, junho de 2000. Veja também a obra de Denis Horman, *Une clause sociale pour l'emploi et les droits fondamentaux*, Luc Pire e CETIM, 1996, e ainda o texto adotado pelo ATTAC-França: www.attac.org

Pode-se acrescentar a esses argumentos que alguns dos direitos que a CISL pretende legitimamente fazer respeitar são de difícil avaliação: existe "liberdade sindical" nos países que têm um único sindicato? A liberdade de negociação é realmente respeitada nos Estados Unidos, onde está condicionada ao voto majoritário dos assalariados? O trabalho infantil – a UNICEF estima em 250 milhões o número de crianças que trabalham – liga-se pouco ao comércio mundial: em 95% dos casos trata-se de trabalho familiar ou de trabalho útil a uma produção local. Mais que a instauração de cláusulas sociais é preciso buscar pistas como as que descobriu Cristóvam Buarque[10], ex-governador de Brasília. Ele instalou um sistema que garantia às famílias uma renda equivalente à que o trabalho de seus filhos lhes teria propiciado.

FMI, Banco Mundial e taxa Tobin

Duas outras campanhas merecem ser analisadas: a que tem como alvo o FMI e o Banco Mundial e a que defende a taxa Tobin e combate os paraísos fiscais, sabendo-se que a separação entre essas campanhas específicas nem sempre é tão nítida. Assim, em muitos países são as "campanhas da dívida" que se encarregam das mobilizações sobre o FMI e o Banco Mundial.

É a Fifty Years is Enough[11], criada em 1994 nos Estados Unidos, que garante, de fato, a vida da rede mundial especializada no FMI e no Banco Mundial, e que se reuniu em Praga, depois em Washington. É um campo em que encontram associações inglesas, como o Bretton Woods Project, e francesas, como a Agir Ici.

A taxa Tobin conheceu uma nova notoriedade graças ao desenvolvimento da ATTAC. É o que reconhece de bom grado James Tobin, Prêmio Nobel de Economia, que propôs, nos anos 70, a introdução de um pequeno imposto sobre as transações financeiras para limitar os riscos de uma especulação que se tornou inevi-

---

[10] Cristóvam Buarque atualmente é presidente da Missão Criança. Veja www.missaocrianca.org.br

[11] Veja www.50years.org

tável com o fim da conversibilidade ente o dólar e o ouro. A ATTAC não se limita a uma única campanha, como já mostraram as mobilizações em Seattle, ou em Millau e Montpellier, quando dos processos de José Bové e dos militantes da Confederação Camponesa. Mas é um movimento criado a partir do artigo de Ignacio Ramonet, que, no *Le Monde Diplomatique*, propôs uma campanha internacional a favor da taxa Tobin. Isso dá à ATTAC uma responsabilidade particular sobre essa questão, e uma rede internacional foi criada desde a conferência de Genebra, em junho de 2000, para fazê-lo avançar. Nela se encontram, além da ATTAC, vários movimentos, entre os quais os asiáticos do Focus on the Global South, os ingleses do War on Want e os canadenses do Halifax Initiative.

A separação dos campos de intervenção não deve ser considerada definitiva. Outras campanhas específicas poderão aparecer. Assim, os transgênicos e tudo o que diz respeito às patentes de seres vivos estão integrados no campo dos "mercados", o que inclui a "campanha dos transgênicos"; mas a Via Campesina resolveu em 17 de abril de 2001 estabelecer uma iniciativa mundial sobre essa temática. Isso poderá lhe dar uma visibilidade particular e assim colocar o problema de uma campanha permanente que tenha como eixo uma aliança trabalhadores rurais/consumidores. A questão das multinacionais também está aberta; a implicação do sindicalismo de assalariados seria determinante, nesse caso, para o lançamento de uma atividade específica.

As iniciativas de massa e as conferências
As manifestações

As iniciativas de massa são os momentos em que os movimentos se tornam visíveis e dão a prova de sua capacidade de mobilizar e de sensibilizar setores amplos da sociedade.

Até Seattle, essas mobilizações se concentravam numa campanha, particularmente na campanha para a anulação da dívida dos países pobres, tendo realizado manifestações por ocasião das reuniões do G7 em Birmingham, em 1998, e em Colônia, em 1999.

As manifestações de Seattle e as que pontilharam o ano de 2000 logo assumiram um caráter generalizador, embora um tema particular sempre fosse discutido: a OMC em Seattle, o FMI e o Banco Mundial em Washington e em Praga, a conferência de cúpula da União Européia em Nice etc. Os qualificativos empregados pela imprensa testemunham essa evolução: a partir de Seattle fala-se dos "movimentos antiglobalização", caracterização recusada pelos principais interessados, que querem qualificar de "globalização liberal" ou *corporate globalization* a globalização contra a qual se mobilizam e mostrar que se consideram defensores de uma "outra globalização".

Há duas explicações para essa tendência à generalização da contestação.

Em primeiro lugar é um problema de coerência interna das campanhas e das reivindicações. O FMI e o Banco Mundial condicionam seus empréstimos, assim como qualquer redução da dívida, à aplicação dos "planos de ajuste estrutural", que agora estão sendo chamados de "estratégias para a redução da pobreza". Ao mesmo tempo os credores exigem o pagamento de seus créditos, e para que isso possa ocorrer as instituições internacionais pressionam os países do hemisfério Sul a abrir amplamente suas economias e a desenvolver os setores de exportação, quaisquer que sejam as conseqüências dessas políticas para a agricultura fornecedora de alimentos ou para os serviços públicos. Pelo contrário, os movimentos sociais, nos dois hemisférios, procuram, além de militar pela anulação da dívida, financiamentos alternativos, por exemplo com a taxa Tobin. A relação entre as campanhas é assim facilmente visualizada e todo mundo compreende por que o Jubileu 2000 ou o ATTAC estavam presentes em Praga, quando da assembléia geral do FMI e do Banco Mundial.

A outra explicação para a generalização das resistências é a entrada em cena dos movimentos sociais que, por natureza, globalizam mais as questões. Um sindicato qualquer de um país qualquer do hemisfério Sul poderá ser particularmente sensível à abertura dos mercados porque isso ameaça os serviços públicos em que ele se implanta. Mas, ao mesmo tempo, esse sindicato será levado a afirmar sua posição pela anulação da dívida, um tema onipresente entre os movimentos sociais dos países do hemisfério Sul. Essa visão global é ainda mais patente nos movimentos implantados na juventude, e os nomes escolhidos no último período ilustram bem essa tendência: Direct Action Network ou Movimento de Resistência Global, sem acréscimo de tema específico; simplesmente a afirmação de um movimento baseado na resistência e na ação.

As iniciativas de massa também permitem a entrada de setores militantes de várias regiões do mundo no processo em curso. O "movimento mundial" que está se constituindo não parece ter o mesmo ritmo e se revestir das mesmas formas por toda parte, e a corrida entre as reuniões internacionais e as manifestações de protesto facilita a entrada na dança de novas regiões e novos movimentos. As manifestações de Praga suscitaram um primeiro contato com as redes militantes que surgiram no Leste europeu. Com a greve geral do início de abril de 2001, organizada pelos sindicatos em Buenos Aires em protesto contra a realização de uma conferência de cúpula dos ministros das Finanças das Américas, o Cone Sul entrou no movimento em pé de igualdade, e a realização da assembléia geral da OMC em Qatar no mês de novembro do mesmo ano poderá muito bem marcar as primeiras mobilizações no mundo árabe.

As conferências

As conferências cumprem uma função um pouco diferente, mesmo se os acontecimentos freqüentemente estão ligados. Bangcoc, Genebra, Porto Alegre, mas também a conferência de Seul, em outubro de 2000, concomitante à conferência de cúpula Europa/Ásia Oriental, ou a de Marselha, em novembro do mesmo ano, por ocasião da conferência de cúpula euromediterrânea, foram também momentos de mobilizações de massa e de manifestação que desempenharam um papel importante nos países envolvidos.

As conferências permitem facilitar a compreensão recíproca e a entrada em sinergia, mas também planejar os desafios seguintes.

Sem pretender oferecer uma coerência global, elas dão um sentido e favorecem, para as redes militantes, o entendimento e o posicionamento diante dos processos em curso. No dia seguinte a Seattle os editoriais da imprensa econômica anglo-saxônica, que fixam "a pauta" no âmbito mundial, insistiam no caráter heterogêneo dos manifestantes e prognosticavam um rápido esfacelamento da frente que se havia constituído. As manifestações de Washington alguns meses depois desmentiram esse prognóstico.

Mas foi a conferência de Bangcoc, em fevereiro de 2000, que permitiu a protagonistas importantes, o Jubileu 2000 e as campanhas pela anulação da dívida – Fifty Years is Enough, que preparava as iniciativas de abril em Washington, ATTAC e Via Campesina – afirmar sua vontade de agir em comum e de preparar conjuntamente as iniciativas seguintes.

Um ano depois o Fórum Social Mundial de Porto Alegre, que havia sido lançado quando da conferência de Genebra, cumpria um papel igualmente importante. Naquele momento a contra-ofensiva das instituições internacionais tinha mudado: a época era de diálogo, mas um diálogo circunscrito e com limites muito definidos. O lançamento do Global Compact pela ONU deu o enfoque, e o tema escolhido pelo Davos 2001 confirmou essa orientação: "Soldar a fratura" abrindo o diálogo com a sociedade civil, com as multinacionais e as ONGs. Essa abertura era acompanhada de um fechamento reforçado contra os que não queriam participar do jogo: os manifestantes de Davos ou os participantes do Fórum Social Mundial de Porto Alegre. O incrível sucesso desse fórum derrotou essa contra-ofensiva, dando a Porto Alegre um peso comparável ao de Davos.

Essas conferências favorecem também um trabalho molecular indispensável. Trata-se em primeiro lugar de facilitar o movimento de especialização-generalização que poderia gerar problemas e contradições. As conferências permitem ao mesmo tempo expressões específicas e o estabelecimento de redes temáticas – por exemplo, foi em Genebra que se constituiu, pela primeira vez, uma rede mundial pela defesa da taxa Tobin – e a preparação dos grandes desafios decisivos comuns a todos os movimentos e a todas as campanhas. Trata-se também de suscitar cruzamentos, a escuta e a compreensão das várias realidades, tanto sociais como nacionais.

É um trabalho de grande fôlego, mas indispensável para construir solidariedades reais e avançar na direção da constituição dessa "aliança dos povos do mundo" que os movimentos dos trabalhadores rurais nos propõem.

Conclusão

As questões que foram abordadas aqui são numerosas. Tratam de problemas políticos, e até teóricos, que se colocam para os movimentos, e de tudo o que se destaca na evolução própria desses movimentos, em suas mobilizações, suas campanhas e seu confronto com as instituições.

Embora alguns tenham acabado de surgir, há neles uma certa coerência, baseada numa convicção, em inquietações e numa interrogação.

A convicção é a de que entramos num período novo, marcado pela existência de um novo regime de acumulação do capital, por uma reorganização do mundo e pela retomada de um ciclo de lutas de longo alcance.

Dez anos depois da reorganização do mundo que se seguiu à Guerra do Golfo, temos o recuo suficiente para arriscar uma avaliação um tanto global da situação, um primeiro balanço.

Essa convicção não é absolutamente a de um mundo que está estabilizado, tanto em sua arquitetura internacional – a gestão do império – como na regulamentação de seu regime de acumulação. Tudo mostra, pelo contrário, que esse período será de instabilidade, conflitos e situações de mudança.

As inquietações são múltiplas.

A primeira, a mais imediata, se liga à capacidade dos movimentos de articular suas diferentes mobilizações e em alguns deles, em particular os que emergem na juventude[1], de evitar a marginalização e o isolamento. Mais importante é o receio de que seja difícil exprimir ao mesmo tempo reivindicações da identidade e uma palavra universal. Essa dupla condição pôde se exprimir entre os zapatistas, porque a mensagem era levada em nome dos mais explorados e dos que viviam no hemisfério Sul; em contrapartida, ela não poderá ocorrer quando a mensagem vier do hemisfério Norte. Vinda dos locais do domínio (países mais desenvolvidos, sindicatos de trabalhadores "protegidos", grandes universidades), essa mensagem terá um discurso global e universal no qual as identidades serão apagadas. Um problema que não é apenas moral. Ao passo que a organização de movimentos de contestação no plano mundial oferece a oportunidade absolutamente nova e positiva de canalizar as revoltas que se manifestam em quase todo o planeta, corre-se o risco de ver os movimentos identitários adotando, no final, outros caminhos e meios de expressão.

A interrogação diz respeito à estabilidade global do sistema-mundo.

Por um lado há o temor de sucumbir a um modo milenarista e de subestimar, como acontece com muita freqüência, as capacidades de adaptação do capitalismo.

Por outro lado há os questionamentos de Immanuel Wallerstein, aos quais é preciso acrescentar os que se voltam para o esgotamento dos grandes modelos ideológicos, inclusive do lado dos defensores do sistema. A história dos últimos séculos teve muitos outros períodos de instabilidade; no entanto, eles nunca estiveram ligados a um tal desarmamento ideológico. Essa é a conseqüência lógica do enfraquecimento dos "grandes mitos fundado-

---

[1] Naomi Klein, em "A fête for the end of the end of history", um artigo sobre Porto Alegre publicado em *The Nation* do dia 19 de março de 2001, atribui às "raízes marxistas" dos responsáveis pelo ATTAC sua preocupação de dar uma coerência mínima aos movimentos que se opõem à globalização liberal. Isso provavelmente é verdade, mas o problema continua posto.

res de nossa modernidade: a razão, o progresso, o crescimento"², mitos comuns aos defensores e aos contestadores do sistema. É isso que torna particularmente crítica a instabilidade do período.

Isso é válido para os movimentos: a inquietação sobre a cisão entre busca de identidade e resposta universal não seria a mesma se houvesse uma visão comum do mundo e meios necessários à sua transformação radical. Mas esse desarmamento ideológico é válido também para os gestores do sistema, que, com exceção dos que se contentam em cinicamente se locupletar, têm como única mensagem que "lamentam não poder fazer melhor"³. Com uma tal força de convicção é possível administrar a evolução de taxas de juros ou injetar dinheiro quando há crise financeira, mas é impossível mobilizar energias e se opor aos efeitos de deslocamento de crises de grande alcance.

Essa é uma visão menos otimista que a de Antonio Negri e Michael Hardt⁴, que, também eles, analisam o declínio do império e se servem da analogia do Império romano e do nascimento do cristianismo, que construiu "um enorme potencial de subjetividade", para considerar que "teoria e prática podem ir mais longe, encontrando novamente uma base de antagonismo ontológico: no interior do império, mas também contra e para além do império, no mesmo nível de globalidade".

Desse primeiro nível de interrogações decorrem as pistas de trabalho, das quais encontramos elementos em outros autores.

É o caso da análise do capitalismo, mais precisamente desse novo regime de acumulação. Essa é uma das vias que permitirá avançar na busca de alternativas ao sistema a partir do seu próprio desenvolvimento e das suas contradições. É o caso de tudo o que se recupera da visão global do mundo com um retorno –

---

² Michel Beaud, *Le Basculement du monde*, La Découverte, 2000.
³ Sem esquecer os que saem do plano racional. François Houtard, nos *Cahiers de l'AITEC*, nº 14, relata os objetivos sustentados por Michel Camdessus, ex-diretor do FMI, num seminário da Pax Romana, uma semana antes de se demitir. Ele declarou que "o FMI constituía um dos elementos da construção do reino de Deus".
⁴ Antonio Negri e Michael Hardt, *Império*. Record, Rio de Janeiro, 2001.

como fizeram recentemente Antonio Negri e Michael Hardt em *Império* — aos grandes esquemas de pensamento herdados do Século das Luzes. Seria preciso, enfim, revisitar os grandes modelos estratégicos — mais exatamente as grandes doutrinas — que inspiraram o movimento operário, tomando como prisma a busca das vias da emancipação.

Nesse trabalho de reconstrução é igualmente importante partir das preocupações práticas dos movimentos e das orientações políticas que são objeto dos debates atuais.

Ainda recentemente o debate podia se resumir a duas grandes hipóteses e orientações estratégicas.

A primeira continua se baseando na idéia da relocalização.

O ponto de partida dessa reflexão é que à "maré montante" do mercado triunfante e do desenvolvimento sem limite é preciso opor a "maré descendente" de uma relocalização fundada no respeito aos equilíbrios naturais e a prioridade a uma economia local onde prevaleceriam os imperativos sociais e ecológicos. Proposta por militantes freqüentemente oriundos da ecologia, essa tese pode também ser a dos defensores dos Estados, muralhas possíveis à globalização. Assim, Martin Khor, presidente da Third World Network, para quem "as sociedades ecologicamente sãs do futuro surgirão no Terceiro Mundo [...] onde há vastas regiões em harmonia com sua cultura e seu meio natural", defende hoje o governo malaio, que não se sujeitou aos planos do FMI depois da crise asiática. Essas teses, defendidas por Colin Hines[5] e por Edward Goldsmith[6], deixam uma impressão de mal-estar por alternar propostas de bom senso e reais preocupações sociais com reflexões provenientes do lado malthusiano e conservador da ecologia. Na verdade Edward Goldsmith insiste na importância de devolver todo o seu papel à comunidade local e à família[7]. A outra tese parte da necessidade de uma regulamentação que responda à globalização da economia.

---

[5] Colin Hines, *Localization, a global manifesto*, Earthscan, 2000, e Tim Lang, *The new protectionism*, Earthscan, 1994.

[6] Edward Goldsmith fundou a revista *The Ecologist*. Coordenou, com Jerry Mander, *Le procès de la mondialisation*, Fayard, 2001.

[7] Edward Goldsmith, *Le procès de la mondialisation*, op. cit.

Essa tese é defendida por vários autores. Jacques Attali[8] sonha com uma "constituição fraterna do planeta [...] com um governo mundial reduzido ao mínimo [...] nomeado e controlado pela assembléia geral das Nações Unidas [...] vários organismos encarregados dos bens públicos mundiais [...] um banco central mundial que administraria a moeda única do mundo". Bernard Passet[9], com a proposta de uma "organização mundial de solidariedade", retoma a idéia de Ricardo Petrella, que com o grupo de Lisboa defendeu a criação de uma "organização mundial do desenvolvimento social". Essa organização se encarregaria da implantação de quatro tipos de contratos sociais: um contrato para a cobertura das necessidades fundamentais — água, habitação etc. —, um contrato cultural, um contrato democrático e um contrato "da terra", para um desenvolvimento sustentado na escala do planeta.

A fraqueza dessa tese reside em sua modéstia com relação às necessidades da humanidade. Ela se insere nas propostas dos autores, que falam de "governo mundial reduzido ao mínimo" ou de simples "organização mundial de solidariedade", uma prudência compreensível, tanto por realismo como pela recusa a pôr em funcionamento um mecanismo que não deixaria de, no estado atual das coisas, fugir a qualquer controle. Pierre Rosanvallon[10] ilustra essa dificuldade fornecendo números sobre o custo de duas concepções da solidariedade. "A solidariedade de humanidade, que testemunha uma consciência nova e ampliada da responsabilidade ilimitada dos homens uns em relação aos outros. Mas essa extensão da consciência se liga a um dever mínimo de solidariedade [...] que as Nações Unidas fixam convencionalmente num número da ordem de 1% da riqueza mundial". E a "solidariedade de cidadania [...] muito mais exigente [...] nos países industrializados ela se traduz em dotações obrigatórias que oscilam entre 35% e 50% da riqueza nacional".

Outra alternativa é atualmente defendida por vários militantes e analistas.

---

[8] Jacques Attali, *Fraternités, une nouvelle utopie*, Fayard, Paris, 1999.
[9] Bernard Passet, L'*illusion néolibérale*, Fayard, Paris, 2000.
[10] Pierre Rosanvallon, *La démocratie inachevée*, Gallimard, Paris, 2000.

Walden Bello, professor universitário e militante filipino, porta-voz do Focus on the Global South, está entre os que rejeitam a lógica da reforma das instituições internacionais sem preconizar, em contrapartida, uma sujeição ao local ou aos Estados-nações.

Sua rejeição de uma lógica reformista aplicada às instituições mundiais parte de uma constante histórica. Respondendo àqueles que, no hemisfério Norte, acreditam que a ausência de regras no âmbito internacional acabaria por levar a uma situação de anarquia, ele acredita que "a imagem de relações internacionais, num mundo em que existiriam apenas umas poucas regras, que seriam apenas negativas e brutais, é um erro de natureza hobbesiana[11] que não corresponde à realidade. O objetivo principal da maioria dos acordos internacionais ou multilaterais, na história, jamais foi garantir a lei e a ordem para proteger os fracos. Essas estruturas foram criadas por incitamento dos poderosos, tendo como principal objetivo reduzir os enormes custos da manutenção da ordem para garantir que os menos poderosos respeitem as regras das principais potências ou então se isolem completamente. Resumindo, um sistema internacional fluido, em que haveria múltiplas zonas de ambigüidades que os fracos poderiam utilizar para proteger seus interesses, é talvez a única alternativa realista à ordem multilateral atual que poderia enfraquecer o domínio do hemisfério Norte".

Walden Bello defende um sistema em que coexistiriam diversas estruturas, entre as quais "regiões" estruturadas[12]: "É num sistema global mais pluralista, em que o poder hegemônico estava longe de ser institucionalizado num conjunto de organizações multilaterais poderosas e limitadoras, que os países da América Latina, assim como vários países asiáticos, puderam ter uma pequena fase de desenvolvimento industrial nos anos 1950-1970. É num sistema mundial pluralista, no qual o GATT tinha poderes limitados, um mundo flexível e que aceitava com mais facilidade os estatutos específicos dos países em desenvolvimento, que os

---

[11] Thomas Hobbes, filósofo inglês do século XVII, autor do *Leviatã*, e que, em face dos riscos inerentes ao "Estado de natureza", preconizava um poder forte.
[12] Walden Bello, "Is the WTO worth saving?", *The Ecologist Report*, setembro de 2000.

países do Leste e do Sudeste asiático puderam se industrializar graças ao desenvolvimento de seu mercado nacional e sua política industrial, que se afastava nitidamente da parcialidade liberal tal como esta se enraíza na OMC". Em Dakar, em dezembro de 2000, uma conferência dos movimentos africanos que militam pela anulação da dívida e que são mais generalizadamente engajados na luta contra a globalização liberal adotou uma resolução que vai no mesmo sentido. "A nova abordagem deve também insistir na busca da autonomia coletiva do continente nas necessidades básicas e estratégicas, sobre os planos agrícola e industrial [...] se inserir na dinâmica da integração africana, moldura fundamental de um desenvolvimento endógeno durável [...] No século XXI a África só será africana se o continente consumar a sua integração e falar com uma única voz no concerto das nações. Essa abordagem não implica um fechamento da África sobre si mesma. Pelo contrário, trata-se de garantir a participação dos povos do continente num processo de globalização alternativo à globalização neoliberal".

James Galbraith[13] também defende — no que se refere às instituições financeiras internacionais — uma "regionalização das responsabilidades". "Que se deixe o Japão organizar um fundo monetário asiático — eles aliás lançaram essa idéia em 1998, mas os Estados Unidos se opuseram a ela. Que se deixe os latino-americanos organizarem um fundo regional semelhante, com o nosso apoio". Jürgen Habermas[14], por sua vez, acha que se pode considerar uma "democracia cosmopolita" sem governo mundial, mas que esse projeto exige a construção do espaço europeu. Um projeto que, para ele, deve em primeiro lugar ser sustentado pelos movimentos sociais.

A força dessas propostas deriva também de suas concordâncias com os projetos dos Estados que querem organizar espaços regionais: integração européia, Mercosul na América meridional

---

[13] James Galbraith, em *Dissent*, Nova York, traduzido pelo *Courrier International*, nº 517, 28 de setembro de 2000.
[14] Jürgen Habermas, *Après l'État-nation*, Fayard, Paris, 2000.

e NAFTA na América do Norte, e além disso, atualmente, zona de livre comércio na escala das Américas, projeto de banco asiático defendido pelo Japão. Por toda parte no mundo os grandes constituem, se não impérios, em todo caso sólidas zonas de influência para reforçar sua posição na concorrência mundial.

É também o ponto fraco dessas propostas regionais, sobretudo se elas escamoteiam a questão dos conteúdos. Qual Europa? Quais são as grandes medidas necessárias hoje, nos planos social, ambiental e democrático? Na falta de respostas, os movimentos sociais rejeitarão as construções regionais que forem consideradas — e com razão — simples degraus para entrar na globalização liberal, degraus que têm como única função aumentar ainda mais a ascendência dos Estados dominantes, das indústrias e dos serviços das grandes potências.

Outra dificuldade é o emaranhamento nos espaços, nos locais de poder e de decisão. Daniel Bensaïd[15] indica que "no futuro haverá mistura de povos, Estados plurinacionais, combinações de ritmos e de espaços nacionais, regionais, continentais e mundiais [...] Uma nova organização política dos espaços e dos tempos exige uma preocupação escrupulosa com a pluralidade dos atores, exprimindo não apenas antagonismos sociais como também diferenças de lugares e de durações".

Um exemplo recente, que não suscitou muito debate, mostra o alcance das mudanças em curso.

A mais antiga instituição de caráter mundial é a UIT (União Internacional das Telecomunicações), criada na segunda metade do século XIX para administrar a implantação do telégrafo. A UIT é, desde sua origem, uma instituição intergovernamental, assim como as principais instituições criadas depois dela. O desenvolvimento da Internet em todo o planeta tornou obrigatória uma organização mundial — os Estados Unidos eram, numa primeira etapa, os únicos responsáveis pela rede mundial —, particularmente para administrar a criação de nomes de domínios, os "com", "org" e outras reuniões de letras que ficam à direita do

---

[15] Daniel Bensaïd, *Le Sourire du spectre*, Michalon, Paris, 2000.

ponto. Criou-se essa organização mundial, que se chamou ICANN, e seu conselho de administração foi eleito diretamente pelos internautas, à razão de um número determinado de representantes por continente. Nesse caso específico os primeiros elementos do balanço são pouco gloriosos: uma taxa muito baixa de participação na eleição e primeiras decisões extremamente controvertidas.

Mas a administração de uma instituição internacional pelo voto direto dos atores continua a ser a melhor escolha.

Esses debates certamente terão uma luz diferente quando forem realizados pelos próprios movimentos.

As reivindicações e as lutas que levarão ao avanço conduzirão à evolução das orientações estratégicas aqui resumidas e, por esse próprio meio indireto, à intervenção na evolução global do sistema-mundo.

Uma vitória na reivindicação da taxa Tobin, por exemplo, obrigaria a definir a estrutura encarregada da arrecadação desse imposto, assim como as prioridades e os mecanismos de redistribuição. Uma vitória na questão da dívida obrigaria igualmente a uma reflexão conjunta sobre os investimentos e os fluxos de capital entre os hemisférios Norte e Sul. Cada luta levará à evolução do emaranhamento dos níveis de referência, do local para o mundial. Vitórias poderão abrir perspectivas de regulamentação global; se fracassarem as campanhas internacionais, por outro lado, a defesa das conquistas nacionais poderá continuar sendo a única perspectiva dos setores militantes.

Este é, para os próximos anos, o aspecto central do desenvolvimento dos movimentos, de suas articulações e de sua capacidade de produzir alternativas para o neoliberalismo.

POSFÁCIO 1

Gênova

Se ainda havia quem duvidasse do alcance do movimento que se desenvolve contra a globalização liberal, essas pessoas devem ter mudado de opinião depois da mobilização de Gênova, onde em plenas férias, e apesar dos vários obstáculos que as autoridades italianas puseram no caminho dos manifestantes, cerca de 300 mil pessoas se manifestaram sob bombas de gás lacrimogêneo e investidas policiais.

Aqui não é o lugar para recapitular os fatos, aliás bastante conhecidos, mas vou tentar extrair alguns elementos de balanço sobre a mais importante mobilização já realizada contra a globalização liberal.

Gênova representa efetivamente uma reviravolta muito importante. Isso é válido para as instituições e para os governos, que chegaram ao final de uma fase: não mais é possível continuar a se reunir abrigados por grades e muros, e politicamente não se poderá por muito tempo mais se refugiar no interior de montanhas ou desertos.

Mas Gênova representa também uma reviravolta mais importante para os movimentos que se depararam com um crescimento considerável sem que os atores tradicionais, e particularmente os sindicatos, estivessem prontos para assumir suas responsabilidades; movimentos que devem, ao mesmo tempo, se posicionar em face da violência.

Do lado das instituições e dos governos

Se na história das mobilizações e das lutas Gênova ficará como um momento importante, isso se deverá à violência da repressão e à amplitude das manifestações, mas também ao enorme afastamento entre as expectativas da opinião pública e dos manifestantes e as decisões tomadas pelo G-8. Este não pôde fazer nada além de constatar as discordâncias entre os Estados Unidos e os outros grandes sobre o protocolo de Kyoto, texto que no entanto a maioria das associações ambientalistas considera notoriamente insuficiente para lutar contra a emissão dos gases responsáveis pelo efeito-estufa. E para a única decisão tomada, a criação de um fundo de intervenção para a saúde, as somas anunciadas (1,3 bilhão de dólares) são qualificadas de ridículas por todos os movimentos que trabalham nesse campo.

Essa pane do G-8 remete às divergências e contradições entre os países mais desenvolvidos, divergências que aparecem de modo recorrente e são uma das explicações para o fracasso da OMC em Seattle. Mas a pane do G-8 assume uma dimensão particular pela fraca legitimidade dessa instância. Lionel Jospin, primeiro-ministro francês, torna público o seu questionamento quanto à utilidade dessas reuniões, enquanto François Hollande, primeiro secretário do Partido Socialista, insiste na "morte política do G-8". Klaus Schwab, fundador do World Economic Forum e das reuniões anuais de Davos, que também estão perdendo legitimidade, avalia por sua vez que o G-8 não é a instância mais adequada para discutir "grandes questões referentes à globalização".

Apesar dessa pane do lado dos grandes, a voz dos países do hemisfério Sul se manifestou pouco em Gênova. Se Abdoulaye Wade, presidente da República do Senegal, levou em conta a amplitude do movimento, chegando a prognosticar, como em 1968, sua extensão ao Senegal, ele não pôde, mais que seus congêneres presentes em Gênova, se apoiar na amplitude do movimento para formalizar uma política alternativa e nem para promover um avanço na direção de uma aliança dos países pobres que pudesse se opor ao acordo dos países ricos.

As razões dessa fraqueza são conhecidas. Os países do hemisfério Sul se deparam, também eles, com uma pane de orientação estratégica – os modelos autocentrados de desenvolvimento do Terceiro Mundo já evidenciaram seus limites. As elites dos países do hemisfério Sul aderiram maciçamente ao credo neoliberal, ao mesmo tempo em que se iludem com a idéia de que na "nova ordem do mundo" elas poderiam desempenhar um papel aproveitando a concorrência entre os grandes.

Mas o surgimento de uma oposição à globalização liberal, constituída pelos Estados do hemisfério Sul, seria um elemento decisivo na relação de força internacional.

Se entre os países do G-8 as divergências se manifestaram nitidamente, estas não são o único problema que os governos e as classes dominantes terão de resolver. Novamente, o que mais impressiona nos discursos das autoridades políticas é a fraqueza das argumentações que procuram convencer as opiniões do quanto sua orientação é bem fundamentada.

Vimos, em Gênova, desenharem-se dois tipos de orientação. A primeira, apresentada por George W. Bush, Tony Blair e Silvio Berlusconi, assume claramente a escolha da globalização liberal, apresentada como a única solução inclusive para os pobres do planeta, que supostamente se beneficiam dela. Essa orientação contará com o apoio de apenas uma parcela minoritária da opinião pública, que de modo cada vez mais nítido manifesta suas preocupações com relação à "globalização liberal". Para tentar atrair o eleitorado conservador, George W. Bush e Tony Blair condenaram muito firmemente os "baderneiros". Mas também nesse ponto o balanço de Gênova mostra os limites dessa orientação: o governo Berlusconi, fiel defensor da linha liberal do governo Bush, paga hoje o preço político de sua política repressiva. Desde o dia seguinte das manifestações durante as quais a polícia se comportou de modo insensato contra os cortejos pacíficos, ocorreram manifestações gigantescas em todo o território italiano e no mundo inteiro para protestar contra a morte de Carlos Giuliani e as violências policiais. E depois os acontecimentos se encadearam: várias autoridades policiais foram questionadas, inclusive pela justiça, as condenações se multiplicaram e Berlusconi chegou a querer "deslocalizar" a reunião de cúpula da FAO prevista para novembro de 2001 em Roma e passar a reunião da OTAN de setembro de 2001 da cidade de Nápoles para uma base militar isolada, em plena zona rural.

A segunda orientação manifestou-se apenas sobre uma questão aparentemente tática: o presidente da República Francesa, Jacques Chirac, logo secundado por seu primeiro-ministro Lionel Jospin, exprimiu sua "compreensão" pelos manifestantes. Nisso as autoridades políticas francesas não fizeram mais que imitar Bill Clinton, que em Seattle falou mais ou menos a mesma coisa. Uma compreensão que mostra limites: até agora as autoridades francesas não condenaram a atitude das autoridades italianas. Impõem-se, para os dois, as preocupações eleitorais, estando as eleições presidenciais e legislativas previstas para a primavera de 2002. Mas, além das eleições, as autoridades políticas francesas tentam formalizar uma resposta às preocupações da opinião pública. Elas não são as únicas a pensar que será preciso se empenhar, de um modo ou de outro, no caminho das reformas. Em seu editorial, o *Financial Times* de 11 de agosto se pronunciou nesse sentido. Mas hoje não há nenhum sinal concreto mostrando que está havendo um empenho prático nesse caminho: seria preciso para tanto um consenso entre os grandes, com o assentimento dos Estados Unidos, em primeiro lugar.

Entretanto esse debate está apenas começando, e ele se alimentará das contradições entre os vários Estados e da intervenção das instituições internacionais – o FMI, o BM, a OMC e a ONU –, que têm necessidade de espaço para existir em relação aos vários governos, e particularmente o governo americano.

O movimento depois de Gênova

Antes de começar a fazer o balanço da mobilização, vale a pena refletir sobre a sigla escolhida pelos movimentos italianos para designar seu quadro unitário: a GSF – Genoa Social

Forum –, filiação assumida no World Social Forum de Porto Alegre. Essa escolha remete a uma genealogia, que evidentemente é curta mas rica de momentos germinadores e de locais de cristalização de alianças e de movimentos. Há dois anos, em Paris, em junho de 1999, o sucesso dos encontros internacionais organizados por iniciativa da ATTAC e da CCC-OMC indicava o surgimento de um movimento que se manifestou com clareza, em novembro do mesmo ano, em Seattle. Alguns meses depois, foi em Bangcoc que a primeira "aliança internacional" começou a se formalizar, com muitos parceiros que serão encontrados por toda parte: a ATTAC, é claro, mas também as diversas coalizões para a anulação da dívida dos países do Terceiro Mundo, a Via Campesina, o Focus on the Global South ou a KCTU coreana.

Em Gênova, em junho de 2000, o "comitê suíço do apelo de Bangcoc" respondeu ao apelo do mesmo nome e organizou uma conferência que seria muito importante para mobilizações como a de Praga mas também para a construção do movimento: é lá que nascem iniciativas como o Movimento de Resistência Global, bastante consolidado na Catalunha e em algumas cidades espanholas, e é sobretudo lá que se lança o apelo para o Fórum Social Mundial de Porto Alegre. Porto Alegre representou uma reviravolta decisiva. Lá os vários movimentos puderam se coordenar para preparar as mobilizações seguintes, Buenos Aires, Quebec e, é claro, Gênova. Muitas delegações nacionais aproveitaram o acontecimento para reforçar seus vínculos e escolher um quadro comum de trabalho no âmbito nacional. Esse foi o caso das forças italianas, que em Porto Alegre definiram o quadro que iria preparar a mobilização de Gênova.

Essa breve recapitulação pretende apenas lembrar a história de um movimento que comporta muitas outras etapas e filiações (foi em Nice, por exemplo, que muitos militantes e movimentos franceses decidiram preparar Gênova).

Não se deve ver nisso o menor determinismo militante: as grandes mobilizações certamente teriam ocorrido, com ou sem essa série de conferências e encontros. Mas a malha assim tecida foi determinante para criar uma rede de confiança e de solidariedade militante entre os responsáveis pelos movimentos sociais e os militantes de diferentes continentes. E, sobretudo, escolheu-se um quadro que alia a defesa intransigente das reivindicações desses movimentos a uma vontade unitária permanente, o que permitiu ao movimento se ampliar continuamente sem contudo se fragmentar. É essa conquista que precisamos preservar nas iniciativas e nos encontros futuros.

Uma reviravolta essencial para o movimento na Itália

Gênova representou uma reviravolta pelo número de manifestantes, mas isso só foi possível porque a reunião das forças que estavam no GSF era muito nova.

O final dos anos 70, a ascensão da autonomia e os "anos de chumbo" tinham acelerado a dispersão das equipes militantes, inclusive na esquerda radical. No início dos anos 90 assistiu-se ao retorno das lutas dos trabalhadores (elas tinham desencadeado a queda do primeiro governo Berlusconi), uma recomposição política à esquerda, com o surgimento da Refundação Comunista depois da transformação do PCI em DS e do crescimento dos sindicatos não-confederados, graças ao florescimento dos Cobas, ao mesmo tempo em que os "centros sociais", velhos locais industriais ocupados por militantes freqüentemente vindos de correntes autônomas, tiveram um grande desenvolvimento, oferecendo à juventude espaços festivos e militantes. Mas todos esses novos quadros militantes trabalham pouco em conjunto.

Nesse aspecto Gênova marcou uma ruptura, ao mesmo tempo em que uma nova geração militante se afirmava, ligando essas estruturas radicais ao mundo associativo italiano (ManiTese, Lega Ambiante, ARCI etc.) particularmente ativo e implantado. O sucesso da ATTAC-Itália, desde sua criação oficial, em junho, é significativo dessa renovação militante. Veremos isso nos meses e anos a seguir, pois não há nenhum automatismo na questão, mas Gênova pode perfeitamente ser o ponto de partida das lutas na Itália num contexto de recomposição bem mais favorável que o dos anos 90.

O movimento sindical em Gênova

Mais difícil é o lugar do sindicalismo nessa recomposição. As três confederações italianas (a CGIL, que era ligada ao PCI, a CISL, tradicionalmente próxima da democracia cristã, e a UIL, ligada aos socialistas) não se interessaram. Se pesos próprios do sindicalismo em geral e do sindicalismo italiano em particular puderam desempenhar um papel nessa ausência, a maior responsabilidade por isso cabe às autoridades das confederações.

Assim, no dia 19 de julho o sindicalismo internacional e o europeu (a CISL e a CES) realizaram um debate sobre a globalização com muitas centenas de participantes, em sua grande maioria dirigentes sindicais italianos. Vittorio Agnoletto, o porta-voz do GSF, tinha sido convidado e sua intervenção foi extremamente bem acolhida, com uma grande ovação, salvo por parte dos dirigentes das confederações. No dia seguinte, o secretário-geral da CGIL, Cofferatti, bateu na velha tecla, numa entrevista concedida ao *Corriere de la Sera*, explicando por que não era preciso participar das manifestações de Gênova: elas não apresentariam muitas propostas positivas, o que um sindicato, que vai lá para negociar, deve levar em conta em primeiro lugar.

Essa ausência das confederações abre espaço para os setores da esquerda sindical, sejam eles membros ou não das confederações. Os Cobas e a CUB, os sindicatos independentes, tinham convocado para as manifestações independentes, com a FIOM, a poderosa federação dos metalúrgicos integrante da CGIL, que tinha organizado uma greve geral no dia 6 de julho encerrada com um apelo para Gênova, e a tendência da esquerda "Lavoro Società – Cambiare Rota".

Pode-se imaginar que isso seja uma pressão para fazer as confederações entrarem na batalha contra a globalização liberal, como fez a AFL-CIO nos Estados Unidos. O exemplo de Barcelona, onde as Comisiones Obreras e a UGT, as duas principais confederações do país, se viram obrigadas a convocar, ao lado da CGT anarco-sindicalista, as manifestações contra a realização de uma conferência do Banco Mundial, mostra que isso é possível. É um grande risco, porque condiciona a aliança – que só poderá ser conflituosa — entre a mobilização da juventude e o movimento sindical, que ainda representa a parte fundamental das forças organizadas do movimento popular.

Os partidos social-democratas poderão reagir mais rápido que as confederações próximas a eles. Pelo menos é isso que mostram os casos italiano e francês. Na Itália a direção da DS (Democracia Socialista), o partido que dirigia, até poucos meses atrás, o governo que preparou o G-8, se dividiu na hora de saber se era preciso convocar as manifestações de Gênova e participou de todas as que vieram depois. Na França, Vincent Peillon, porta-voz do PS, lamenta também a ausência do PS em Gênova e, num artigo publicado pelo *Le Monde* e que ele assinou junto com Christian Paul, secretário do Estado no exterior, toma claramente partido dos movimentos que se opõem à globalização liberal. Deixando de lado as evidentes preocupações táticas e eleitorais, esse posicionamento dos partidos social-democratas só poderá encorajar os movimentos legitimando sua ação.

A propósito da violência

Um dos elementos do balanço de Gênova foi o modo como o GSF foi construído e funcionou. Os italianos demonstraram, nessa ocasião, ser os mestres na gestão da unidade na diversidade. A aposta não era tanto manter juntos componentes de origem diferente, hipótese afinal bastante clássica, mas sim manter juntos sem levar a desmoronar um edifício cujos componentes tinham objetivos e estratégias muito diferentes.

O GSF ia, na verdade, da campanha "dívida", muito moderada e marcada, na Itália, pelo peso dos religiosos, até o Cobas, os Tute Bianche e os jovens da Refundação Comunista que pretendiam penetrar na zona vermelha e utilizar meios evidentemente defensivos, mas que os tornavam mais parecidos com cavaleiros da Idade Média do que com Gandhis modernos.

À custa de horas e horas de discussão, a aliança funcionou e até mesmo se reforçou com o tempo. A aliança assim criada permitiu integrar num quadro comum passeatas totalmente pacíficas enquanto outros praticavam uma "violência simbólica", e assim representar a esmagadora maioria dos manifestantes.

O outro lado desse acordo foi a dificuldade de "administrar" as relações com os que eram externos ao quadro do GSF. O acordo, num contexto complicado pelas tensões ligadas à eleição de Berlusconi e à instalação, em junho, de seu governo, foi realizado à custa de tensões com os componentes mais radicais do GSF. Esse foi o caso, em primeiro lugar, dos Tute Bianche, que tinham, de modo metafórico, "declarado guerra" às autoridades italianas. Em seguida os Cobas ficaram em dificuldade no GSF, sendo que seus vínculos com outros componentes dos centros sociais levavam a temer violências que ultrapassavam os limites fixados pelo GSF. Além desses debates, o GSF tinha de administrar as relações com os sucessivos governos. Isso explica o tempo dedicado a levar realmente em consideração os componentes europeus e internacionais da mobilização e a dificuldade em explicitar os problemas encontrados com os componentes (provenientes de um pequeno número de centros sociais) que não se reconheciam no GSF.

Apesar dessas dificuldades, no final, o balanço do FSG é positivo.

Ele tem legitimidade, na Itália e fora dela, por sua capacidade de se distanciar das violências cometidas por certos grupos de manifestantes, denunciando firmemente as autoridades italianas, reais responsáveis pelo incrível desencadeamento de violência ocorrido em Gênova nos dias 20 e 21 de julho. E, se é útil compreender as dificuldades que o GSF enfrentou, seu funcionamento unitário e sua capacidade de integração fazem dele um exemplo para as mobilizações que virão a ocorrer no mundo inteiro.

Mas Gênova, depois de Gotemburgo, obriga a uma reflexão sobre a violência que ameaça acompanhar as manifestações. Será preciso contudo analisar as situações práticas e concretas de cada manifestação, tendo um ponto de vista mais geral, necessário para dar uma orientação visível ao movimento.

Em Gênova era clara a delimitação entre o GSF e o que foi chamado de *black block*. Se não se deve criminalizá-lo (havia evidentemente agentes provocadores, policiais e até mesmo militantes de extrema direita, mas a maioria dos milhares de participantes do *black block* eram jovens radicais, sobretudo italianos), sua orientação era claramente diferente da do GSF. Isso ficou claro no plano ideológico, com o GSF sendo tachado de "reformista", e também no plano tático: o *black block* não pretendia cercar a zona vermelha e nem penetrar nela; o que eles queriam era atacar os "símbolos do capitalismo": fachadas de bancos, carros "luxuosos" etc.

Se em Gênova a responsabilidade pelas violências cabe em primeiro lugar e antes de mais nada às autoridades italianas, que cometeram ou deixaram que se cometessem atos considerados inconcebíveis num país democrático, a separação nítida entre os manifestantes do GSF e seus aliados europeus, de um lado, e o *black block*, do outro, facilitou a demonstração disso para o público. Os ataques contra as manifestações pacíficas, as violências cometidas contra os manifestantes detidos e o espancamento sistemático dos militantes na escola Diaz emocionaram todo o mundo.

Num nível mais geral, se é muito importante relembrar a vontade não-violenta dos manifestantes, a delimitação em relação aos que rejeitaram essa orientação não será sempre fácil.

Efetivamente, à raiva compreensível contra um sistema que produz em grande escala desigualdades, miséria e violência contra os mais pobres, mesclou-se a idéia de que o movimento pode ser construído apesar da violência, ou seja, com ela.

Endossa essa idéia o fato de nem Praga e nem Gotemburgo terem sido pontos de reviravolta a partir dos quais o movimento declinou, marginalizado pela afirmação da violência.

Se na escala internacional essa constatação é real, será preciso estudar mais de perto as realidade militantes depois dessas manifestações. Em Praga, por exemplo, o balanço não é concludente. Isso provavelmente se explica pelo fato – um caso único – de os manifestantes procederem, em sua maioria esmagadora, de outros países. Mas será preciso esperar o balanço a ser feito pelos militantes suecos, com um pouco de recuo, para extrair lições mais gerais.

Um risco, este sim, é indubitável: o de o movimento se desligar da opinião pública, com a conseqüência evidente da retirada das forças mais reticentes quanto ao engajamento na luta contra a globalização liberal, começando pelas confederações sindicais.

Em Gênova as autoridades italianas agiram de um tal modo que a opinião lançou sobre elas a responsabilidade pelas violências, mas isso não se repetirá sempre, e o apoio dado pela opinião pública aos manifestantes é uma das chaves do sucesso do movimento.

No entanto, o exemplo do GSF tem um alcance mais geral. Ele mostra que é possível rejeitar a violência – e assim se distinguir dos que não compartilham essa estratégia – aceitando manifestações determinadas, com os militantes se protegendo das investidas policiais por meios passivos (capacetes, escudos de plástico etc.).

Outra pista, que oferece a vantagem de expressar ainda mais nitidamente a determinação mas também a não-violência do movimento, está nos métodos norte-americanos que foram apresentados em Gênova por Liza, uma militante californiana (suas informações foram bastante divulgadas pela mídia). Trata-se de ajudar os militantes, organizados em "grupos de afinidade", a resistir, pacificamente, pelo maior tempo possível, às intervenções policiais, mas sem capacetes ou qualquer outro meio de defesa pessoal.

Para dezenas de milhares de militantes do mundo inteiro, Gênova representa uma reviravolta decisiva. Os próximos desafios, as mobilizações e os encontros internacionais, como o que se realizará no final de janeiro de 2002 em Porto Alegre, constituirão ocasiões para extrair lições de Gênova e para dar outros passos na mobilização.

POSFÁCIO 2

Movimentos contra a globalização depois de 11 de setembro

O movimento mundial que se manifestou de Seattle a Gênova tinha como adversário simbólico Wall Street, que representa o poder dos mercados financeiros, mas também o Pentágono, que encarna o domínio imperial e o militarismo americano. Com um sinistro paralelismo, foram esses os alvos visados, agora de modo muito real, pelos autores dos atentados mortíferos de Washintgon e Nova York.

Essa relação evidentemente não tem nenhum sentido para aqueles que, empenhados no movimento contra a globalização liberal, sabem muito bem que a força desse movimento e sua capacidade de transformar o mundo dependem antes de mais nada de seu caráter maciço, do apoio da opinião pública e do engajamento democrático dos movimentos sociais que formam sua base e suas raízes. Um movimento que é particularmente importante nos próprios Estados Unidos, onde os sindicatos e as ONGs preparavam uma manifestação muito grande para o dia 30 de setembro em Washington, por ocasião da assembléia geral do FMI e do Banco Mundial.

Mas essa relação é utilizada por aqueles que procuram todos os argumentos possíveis para defender a globalização liberal e o sistema atual. Mais que um sinal de uma evidente má-fé, afirmá-la é não ver que, pelo contrário, há no movimento de luta contra a globalização liberal elementos de resposta a tais atrocidades.

A insurreição zapatista de Chiapas, no dia 1º de janeiro de 1994, é provavelmente o acontecimento desencadeador do movimento que irrompeu na cena mundial a partir de Seattle. E a força do zapatismo foi defender a identidade e as reivindicações específicas dos índios do Chiapas ao mesmo tempo em que lançava um apelo universal contra o liberalismo e pela criação de um movimento mundial que se concretizou no primeiro encontro "intergalático" do verão de 1996.

Essa capacidade de defender as identidades e as especificidades dos movimentos desenvolvendo alternativas no âmbito mundial é uma das características essenciais do movimento que se constrói de Seattle a Gênova. Estendendo-se a todos os continentes, esse movimento oferece uma resposta internacionalista a todos os que se revoltam e lutam contra um sistema que agrava as desigualdades e as exclusões. Assim foi em Porto Alegre para todos os movimentos de defesa dos povos indígenas da América Latina. Em Gênova, a presença de uma delegação de cinqüenta representantes de sindicatos e de movimentos russos e ucranianos permitiu a esse grupo estabelecer muitos contatos e colocar a questão da inserção regular dos militantes russos no "movimento mundial". E a mobilização contra o novo ciclo de negociações no contexto da OMC que deve se abrir em Qatar é também a ocasião para a comunicação com os movimentos existentes no mundo árabe, e isso graças a conferências e iniciativas tomadas na cidade do Cairo e em Beirute.

O desenvolvimento do movimento no plano mundial, assim como o das lutas sociais e democráticas, permite oferecer um outro quadro de respostas que não o dos recuos nacionalistas, integristas ou reacionários. Assim, na França o desenvolvimento das lutas nos anos 90 precipitou a crise e o declínio da Frente Nacional que se apoiava nas camadas populares atingidas pela crise econômica.

Os atentados de 11 de setembro só podem reforçar nossa convicção quanto à importância e à urgência de desenvolver esse movimento mundial, democrático e não-violento, que é o único capaz de apresentar alternativas de conjunto à globalização liberal.

Mas esses atentados deveriam oferecer também, para os governos das grandes potências e em primeiro lugar o dos Estados Unidos, assim como para as instituições internacionais, a ocasião de uma retomada da discussão sobre as políticas aplicadas há décadas. Veremos nos próximos meses o que será a política americana, mas as primeiras declarações de George W. Bush (a "Luta do bem contra o mal" ou "Queremos Bin Laden vivo ou morto") lembram a guerra fria. A hipótese provável é a da opção militarista e repressiva.

Uma novidade na situação: para além das alianças que os Estados Unidos julgam necessárias em sua luta contra o terrorismo, a busca da globalização torna difícil as estigmatizações nacionais ou culturais. Mais que o choque das civilizações prognoticado por Samuel P. Huntington[1], a "guerra" que pretendem fazer os dirigentes americanos corre o risco de ser uma guerra civil[2]. O terrorismo será o primeiro alvo, mas, nessa nova cruzada, os "inimigos internos" – forças radicais, movimentos sociais e movimentos de luta contra a globalização liberal – poderão ser rapidamente acusados ao mesmo tempo em que se instauram medidas de restrição das liberdades.

Essa orientação gerará novas contradições entre os países mais importantes, e nisso a situação é diferente da que prevalecia na ocasião da guerra do Golfo.

Na Europa, muitas autoridades governamentais emitiram uma voz diferente. Depois de manifestar sua solidariedade com o povo americano, elas insistiram na necessidade de apresentar respostas sobre problemas políticos fundamentais, particularmente no Oriente Médio, e na necessidade de regulamentações no âmbito mundial. Essa vontade de autonomia européia é fortalecida pelo resultado de duas conferências internacionais. A de

---

[1] Samuel P. Huntington desenvolve em sua obra *O choque das civilizações* (Objetiva, Rio de Janeiro, s.d.) a idéia segundo a qual o século XIX conheceu o enfrentamento entre os países, o século XX o das ideologias e o século XXI será o do enfrentamento entre as civilizações.

[2] É a opinião desenvolvida por Alain Touraine num artigo publicado pelo jornal francês *Libération* do dia 14 de setembro de 2001.

Bonn, onde o protocolo de Kyoto foi assinado por muitos países europeus mas sem os Estados Unidos. E a da ONU em Durban, sobre o racismo, onde uma resolução foi adotada com o apoio dos europeus quando os Estados Unidos tinham abandonado a reunião. Essas contradições abrirão espaços para os movimentos, como aconteceu com o AMI ou a assembléia geral da OMC em Seattle.

Mas apesar de tudo é num contexto mais grave e mais difícil que as mobilizações vão se desenvolver e que os movimentos de luta contra a globalização liberal vão se construir. Uma situação que exigirá desses movimentos uma atenção maior para os problemas democráticos e para a questão da paz e da segurança para os povos.

Contudo, é nessa "outra globalização" que reside a esperança de um mundo mais justo e mais seguro para todos os povos do planeta.

Lista de siglas

Quando existentes, as denominações são indicadas também em inglês e espanhol.

AC! – Agir Contra o Desemprego
AFL-CIO – American Federation of Labour-Congress of Industrial Organizations
ALCA – Área de Livre Comércio das Américas
AMI – Acordo Multilateral sobre Investimento
MAI – Multilateral Agreement on Invesment
NAFTA – Acordo de Livre Comércio da América do Norte
APEC – Asia-Pacific Economic Cooperation
ASEAN – Association of South East Asian Nations
ATTAC – Associação pela Taxação das Transações Financeiras em Benefício dos Cidadãos
BIT – Bureau International du Travail (Agência Internacional do Trabalho)
BM – Banco Mundial
BRI – Banco de Regulamentações Internacionais
BIS – Bank for International Settlements
CES – Confederação Européia dos Sindicatos
ETUC – European Trade Unions Confederation
CISL – Confederação Internacional dos Sindicatos Livres
ICFTU – International Confederation of Free Trade Unions
CMT – Confederação Mundial do Trabalho
WCL – World Confederation of Labour
CNUCED – Conferência das Nações Unidas sobre o Comércio e o Desenvolvimento
UNCTAD – United Nations Conference on Trade and Development
COSATU – Congress of South African Trade Unions
CSC-OCDE – Comimtê Sindical Consultivo junto à OCDE
TUAC-OECD – Trade Union Advisory Commitee-OECD
CUT – Central Única dos Trabalhadores

CWA — Communications Workers of America
DAL — Droit au Logement (Direito à Habitação)
DGB — Deutscher Gewerkschaftsbund (União dos Sindicatos Alemães)
FAO — Food and Agriculture Organization of the United Nations
FMI — Fundo Monetário Internacional
IMF — International Monetary Fund
FSM — Federação Sindical Mundial
WFTU — World Federation of Trade Unions
GATT — General Agreement of Tariffs and Trade
GATS — General Agreement on Trade and Services
HCR — Haut-Commisariat aus Réfugiés
UNHCR — United Nations High Commissioner for Refugees
ICANN — Internet Corporation for Assigned Names and Numbers
KCTU — Korean Confederation of Trade Unions
MERCOSUL — Mercado Comum do Sul
OCDE — Organização para o Comércio e o Desenvolvimento Econômico
OECD — Organization for Economic Cooperation and Development
OIT — Organização Internacional do Trabalho
ILO — International Labour Organization
OMC — Organização Mundial do Comércio
WTO — World Trade Organization
OMS — Organização Mundial da Saúde
WHO — World Health Organization
ONU — Organização das Nações Unidas
UN — United Nations
ORIT — Organização Regional Inter-americana do Trabalho
OSCE — Organização pela Segurança e a Cooperação na Europa
OSCE — Organization for Security and Cooperation in Europe
OTAN — Organização do Tratado do Atlântico Norte
NATO — North Atlantic Treaty Organization
PIB — Produto interno bruto
GDP — Gross domestic product
PNB — Produto nacional bruto
GNP — Gross national product
PNUD — Programme des Nations Unies pour le Développement
UNDP — United Nations Development Programme
SPI — Secretariados Profissionais Internacionais
ITS — International Trade Secretariats
SUD — Solidários, Unitários, Democráticos
TRIMS — Trade Related Investment Measures

TRIPS – Trade Intellectual Property Rights
UE – União Européia
EU – European Union
UIT – União Internacional das Telecomunicações
ITU – International Telecommunication Union
UNESCO – United Nations Educational, Scientific and Cultural Organization
UNICEF – United Nations Children's Fund

SITES NA REDE
INSTITUIÇÕES INTERNACIONAIS
Banco Mundial – www.worldbank.org
FMI – www.imf.org
OCDE – www.oecd.org
OIT – www.ilo.org
OMC – www.wto.org
ONU – www.un.org
União Européia – www.europa.eu.int

SINDICATOS DE ASSALARIADOS
CISL – www.icftu.org
CES – www.etuc.org
CSC-OCDE – www.tuac.org
AFL-CIO/Estados Unidos – www.aflcio.org
CFDT/França – www.cfdt.fr
CGT/França – www.cgt.fr
FO/França – www.force-ouvriere.fr
FSU/França – www.fsu.fr
Solidaires-Groupe des 10 – www.g10.ras.eu.org
SUD-PTT/França – www.sudptt.fr
CUT/Brasil – www.cut.org.br

MOVIMENTOS SOCIAIS E ONGS
ATTAC – www.attac.org
Assembléia dos pobres/Tailândia – www.thai.to/aop
Confederação Camponesa/França– www.confederationpaysanne.fr
Coordenação para o Controle Civil da OMC – www.cccom.org
Direct Action Network/Estados Unidos – www.directactionnetwork.org
Exército Zapatista de Libertação Nacional – www.ezln.org

Fifty Years Is Enough-Estados Unidos — www.50years.org
Focus on the Global South — www.focusweb.org
Fórum Social Mundial — www.worldsocialforum.org.br
Fórum Mundial das Alternativas — www.alternatives.ca/fma
Friends of the Earth — www.foe.org
Indymedia (mídia independente) — www.indymedia.org
Inpeg-Praga — www.inpeg.org
International Forum on Globalisation — www.ifg.org
Jobs with Justice-Estados Unidos — www.jwj.org
Jubileu 2000-Grã-Bretanha — www.Jubileu2000uk.org
Jubileu Sul — www.Jubileusouth.net
Marchas européias contra o desemprego — www.euromarches.org
Marcha Mundial das Mulheres — www.ffq.qc.ca/marche2000
MST-Brasil — www.mst.org
Oneworld (sites de ONGs na rede) — www.oneworld.org
Ação Global dos Povos — www.agp.org
Public Citizen-Estados Unidos — www.citizen.org
Reclaim the Streets-Grã-Bretanha — www.reclaimthestreets.net
Third World Network — www.twnside.org.sg
Via Campesina — www.viacampesina.org

Bibliografia

ACHCAR, Gilbert, *La nouvelle guerre froide*. Coedição *Actuel Marx, Confrontation*, PUF, 1999. [Edição brasileira: *A nova guerra fria*, Xamã, 2002.]
AGLIETTA, Michel, e MOATTI, Sandra, *Le FMI, de l'ordre monétaire aux désordres financiers*. Économica, maio de 2000.
AGUITON, Christophe, e BENSAÏD, Daniel, *Le retour de la question sociale*. Éditions Page Deux, 1997.
_____, e CORCUFF, Philippe, "Les relations partis-syndicats". *Mouvements*, nº 3, março-abril de 1999.
ALLEN, Mike, *The bitter world*. Poolberg Press, Dublin, 1998.
Alternatives Sud, quarto trimestre, 1997.
AMIN, Samir, *Essas outras histórias que há para contar*. Atas do colóquio internacional "Em tempo de Expo", organizado em Lisboa em julho de 1998 por ocasião da exposição internacional.
L'année de la régulation, vol. 3. La Découverte, 1999.
L'année de la régulation, vol. 4. La Découverte, 2000.
ATTAC, *ATTAC contre la dictature des marchés*. La Dispute, Syllepse e VO Éditions, 1999.
ATTAC, *Tout sur ATTAC*. Mille et Une Nuits, 2000.
ATTAC, *Les paradis fiscaux*. Mille et Une Nuits, 2000.
ATTAC, *Avenue du plein emploi*. Mille et Une Nuits, 2001.
ATTAC, *Agir local, penser global*. Mille et Une Nuits, 2001.
ATTALI, Jacques, *Fraternités, une nouvelle utopie*. Fayard, 1999.
BATSCH, Laurent, *Finance et stratégie*. Économica, 1999.
BEAUD, Michel, *Le basculement du monde. De la terre, des hommes et du capitalisme*. La Découverte, 1997; reedição com posfácio do autor, 1999.
BELLO, Walden, "Is the WTO worth saving?", *The Ecologist Report*, setembro de 2000.
_____, *View from the South*, publicado pelo International Forum on Globalization, 1999.
BENASAYAG, Miguel, e SZTULWARK, Diego, *Du contre-pouvoir*. La Découverte, 2000.

BENSAÏD, Daniel, *Walter Benjamin, sentinelle messianique.* Plon, 1990
_____, *Le pari mélancolique.* Fayard, 1997.
_____, *Contes et légendes de la guerre éthique.* Textuel, 1999.
_____, *Le sourire du spectre.* Michalon, 2000.
BOLTANSKI, Luc, e CHIAPELLO, Ève, *Le nouvel esprit du capitalisme.* Gallimard, 1999.
BOUAL, Jean-Claude, *Vers une société civile européenne.* Éditions de l'Aube, 1999.
BOURDIEU, Pierre, *Les structures sociales de l'économie.* Liber-Le Seuil, 2000.
_____, *Contre-feux*, 2. Raisons d'Agir, 2001.
BOVÉ, José, e DUFOUR, François, *Le monde n'est pas une marchandise.* La Découverte, 2000.
BOYER, Robert, entrevista em *Le Monde*, 29 de fevereiro de 2000.
BRETCHER, Jeremy, e COSTELLO, Tim, *Building bridges, The emerging grassroots, coalition of labor and community.* Hardcover, 1990.
_____, COSTELLO, Tim, e SMITH, Brendan, *Globalization from below.* South End Press, 2000.
BULLARD, Nicola, "The world's workers need solidarity, not sanctios", em *Development*, vol. 43, nº 2, junho de 2000.
BRZEZINSKI, Zbigniew, *Le grand échiquier.* Tradução francesa, Bayard, 1997.
CAPDEVIELLE, Jacques, *Modernité du corporatisme.* Éditions de Science-Po, 2001.
CASTELLS, Manuel, *L'ère de l'information. La societé en réseaux.* Fayard, 1998. [Edição brasileira: *A era da informação. A sociedade na rede.* Paz e Terra, São Paulo.]
_____, *L'ère de l'information. Le pouvoir de l'identité.* Fayard, 1999. [Edição brasileira: *A era da informação. O poder da identidade*, Paz e Terra, São Paulo.]
_____, *L'ère de l'information. Fin de millénaire.* Fayard, 1999. [Edição brasileira: *O fim do milênio*, Paz e Terra, São Paulo.]
CHERNOW, Ron, *The death of the banker.* Pimlico, Londres, 1997.
CHESNAIS, François, *La mondialisation du capital.* Nova edição atualizada, Syros-Alternatives Économiques, 1997. [Edição brasileira: *A mundialização do capital.* Xamã, São Paulo,1996.]
_____, em *Le triangle infernal. Crise, mondialisation, financiarisation*, organização de Gérard Duménil e Dominique Lévy. Coedição PUF-Actuel Marx-Confrontation, 1999.
COHEN, Daniel, *Nos temps modernes.* Flammarion, 2000.

Combesque, Marie-Agnès, *Ça suffit*. Plon, 1998.
Cooper, Peter, *Reconquérir la rue*. *L'Humanité*, 29 de dezembro de 1999.
Coupé, Annick, e Marchand, Anne, *SUD, syndicalement incorrect*. Syllepse, 1998.
Coutrot, Thomas, *L'entreprise néolibérale. Nouvelle utopie capitaliste?* La Découverte, 1998.
Danaguer, Kevin, e Burbach, Roger, *Globalize this*. Common Courage Press, 2000.
David, Françoise, *Une marche mondiale*. *Le Monde Diplomatique*, Paris, junho de 2000.
Di Ruzza, Renato, e Le Roux, Serge, *Le syndicalisme dans la mondialisation*. Éditions de l'Atelier, 2000.
Dockès, Pierre, *Pouvoir et autorité en économie*. Économica, 1999.
Doherty, Brian, "Paving the way. The rise of Direct Action against road-building and the changing character of British environmentalism", em *Political Studies*, XLVII. Blackwell Publishers, Oxford, 1999.
Ferry, Jean-Marc, *La question de l'État européen*. Gallimard, 2000.
Featherstone, Liza, artigo sobre o movimento estudantil americano. *The Nation*, 15 de maio de 2000. Traduzido por *Solidarités*, n° 110, Genebra, 14 de junho de 2000.
Fontvielle, Louis, atas do colóquio sobre "Os movimentos de longa duração no pensamento econômico". *Économies et Societés*, n° 7-8, 1993.
Fremeaux, Philippe, *Sortir du piège. La gauche face à la mondialisation*. Syros, 1998.
Galbraith, James, em *Dissent*, Nova York. Traduzido em *Courrier International*, n° 517, 28 de setembro de 2000.
Gallin, Dan, "Trade unions and NGOs. A necessary partnership for social development". UNRISD, junho de 2000.
George, Susan, *Le rapport Lugano*. Fayard, Paris, 2000 [Edição brasileira: *O Relatório Lugano*. Boitempo, São Paulo, 2002].
Goldsmith, Edward, e Mander, Jerry, *Le procès de la mondialisation*. Fayard, 2001.
Habermas, Jürgen, *Après l'État-nation*. Fayard, 2000.
Hardt, Michael, e Negri, Toni, *L'empire*. Exils, 2000. [Edição brasileira: *Império*, Record, 2001]
Held, David, McGrew, Anthony, Goldblatt, David, e Perraton, Jonathan, *Global transformations*. Stanford University Press, 1999.

HINES, Colin, e LANG, Tim, *The new protectionism*. Earthscan, 1994.
───────, *Localization. A global manifesto*. Earthscan, 2000.
HINKELAMMER, Franz, *El huracán de la globalización*. Departamento Ecuménico de Investigaciones, Costa Rica 1999.
HOBSBAWM, Eric J., *Era dos extremos*. Cia das Letras, São Paulo, 1995.
HORMAM, Denis, *Une clause sociale pour l'emploi et les droits fondamentaux*. Luc Pire e CETIM, 1996.
HOUTARD, François, "Des alternatives crédibles au capitalisme mondialisé". *Les Cahiers de l'AITEC*, n° 14, 2000.
HUSSON, Michel, *Les ajustements de l'emploi*. Éditions Page Deux, 1999.
JORDAN, John, em *Diy culture. Party & protest in nineties Britain*. Verso, Londres e Nova York, 1998.
KEBAKJIAN, Gérard, *Mondialisation. Les mots et les choses*. Karthala, 1999.
KISSINGER, Henry, *Diplomacy*. Touchstone, Nova York, 1994.
KLEIN, Naomi, *No logo*. Flamingo, Londres, 2000.
───────, "The vision thing". *The Nation*, 10 de julho de 2000.
KRUGMAN, Paul R., *La mondialisation n'est pas coupable*. La Découverte, 2000. [Edição brasileira: *Internacionalismo pop*, Campus, São Paulo.]
───────, *Pourquoi les crises reviennent toujours*. Seuil, 2000.
LEBARON, Frédéric, *La croyance économique*. Liber-Seuil, 2000.
Les Temps Modernes, n° 607, "Dossier sur la mondialisation", janeiro-fevereiro de 2000.
LEVEAU, Remy, "L'islam dans la cité". *Pouvoirs*, n° 62, 1992.
LORDON, Frédéric, *Fonds de pension, pièges à con?* Raisons d'Agir, 2000.
McKAY, George, *Senseless acts of beauty. Cultures of resistance since the sixties*. Verso, 1996.
MALABARBA, Gigi, *Dai Cobas al sindicato*. Datanews, 1995.
MANDEL, Ernest, *Le troisième âge du capitalisme*. 10/18, 1976. [Edição brasileira: *Capitalismo Tardio*, Nova Cultural, 2ª edição, 1985.]
───────, *Las ondas largas del desarrllo capitalista. La interpretación marxista*. Siglo Venteiuno Editores, Espanha, 1986. Primeira edição em inglês: 1980, Cambridge University Press.
Marches européennes contre le chômage, la précarité et les exclusions, "Europe. Modes d'emplois". Syllepse, 1997.
SUBCOMANDANTE MARCOS, "Los arroyos cuando bajan", em *EZLN, documentos y comunicados*. Editorial ERA, México, 1994.

MARTIN, Brendan, *New leaf or fig leaf? The challenge of the New Washington Consensus.* Bretton Woods Project & Public Service International.
MARTIN, Hervé René, *La mondialisation racontée à ceux qui la subissent.* Climats, 1999.
MARTINEZ, Elizabeth (Betita), "Where was the color in Seattle", em *Reflections on Seattle.* DAN, abril de 2000.
MARX, Karl, *La guerre civile en France.* Éditions Sociales, 1975.
MINC, Alain, *La mondialisation heureuse.* Pocket, 1998.
MINC, Alain, www.capitalisme.fr. Grasset, 2000.
MOODY, Kim, *Workers in a lean world.* Verso, Londres-Nova York, 1997.
MORRIS, James, *La Banque Mondiale.* Gallimard, 1965.
NOTAT, Nicole, *Je voudrais vous dire.* Seuil-Calmann-Lévy, 1997.
OBSERVATOIRE DE LA MONDIALISATION, *Lumières sur l'AMI. Le test de Dracula.* Éditions l'Esprit Frappeur, 1998.
OBSERVATORIO SOCIAL DE AMÉRICA LATINA nº 1, revista do CLACSO, Buenos Aires, junho de 2000.
OBSERVATORIO SOCIAL DE AMÉRICA LATINA nº 2, revista do CLACSO, Buenos Aires, setembro de 2000.
OBSERVATORIO SOCIAL DE AMÉRICA LATINA nº 3, revista do CLACSO, Buenos Aires, janeiro de 2001.
PASSET, Bernard, *L'illusion néolibérale*, Fayard, 2000.
PETRELLA, Ricardo, *Le bien commun.* Labor, 1996.
_____, entrevista no *Libération*, 22 de janeiro de 2001.
PETTIFOR, Ann, "The birth of Jubileu 2000 capaign", em *Mondo e missione.*
_____, e HANLON, Joseph, *Kicking the habit.* Éditions Jubileu 2000 Coalition.
POIRIER, Lucien, *La Guerre du Golfe dans la généalogie de la stratégie. Octobre 1991.* Stratégie Théorique III, Economica-ISC, Paris, 1996.
POLANYI, Karl, *La grande transformation*, 1994. Gallimard, 1983. [Edição brasileira: *A grande transformação.* Campus, São Paulo, 1980.]
RAINELLI, Michel, *L'organisation Mondiale du Commerce.* Repères, La Découverte, reedição de março de 1999.
ROSANVALLON, Pierre, *La démocratie inachevée.* Gallimard, 2000.
SALESSE, Yves, *Propositions pour une autre Europe.* Éditions du Félin, 1997.
SALMON, Jean-Marc, *Un monde à grande vitesse.* Seuil, 2000.

SCHMITT, Bertrand, e SPADONI, Patrice, *Les sentiers de la colère*. Éditions Esprit Frappeur, Paris, 2000.
SHAILOR, Barbara, *Not your father's union movement*. Verso, 1998.
SINGER, Daniel, *Whose millenium?* Monthly Review Press, 1999.
STEDILE, João Pedro, entrevista no número especial dedicado ao MST. *La Terre*, junho de 2000.
_____, entrevista em *L'Humanité*, 29 de dezembro de 1999.
STEENSON, Gary, *Kaustky Karl. Marxism in the classical years*. University of Pittsburg Press, 1991.
STIGLITZ, Joseph, "Participation and development. Perspectives from the comprehensive development paradigme". Conferência feita em Seuil, 27 de fevereiro de 1999.
SWEENEY, John J., *America needs a raise*. Houghton Mifflin Company, Boston-Nova York, 1996.
THOMPSON, E. P., *The making of the English working class*. Pelican Book, 1968. [Edição brasileira: *A formação da classe operária inglesa*. Paz e Terra, 3 vols.]
TOUSSAINT, Éric, *La bourse ou la vie*. Luc Pire, Bruxelas, 1998. [Edição brasileira: *A bolsa ou a vida*. Fundação Perseu Abramo, 2002]
_____, e ZACHARIE, Arnaud, *Afrique. Abolir la dette pour libérer le développement*. Éditions CADTM, 2001.
WALLERSTEIN, Immanuel, *L'utopistique, ou les choix politiques du XXIe siècle*. Éditions de l'Aube, 2000.
_____, *L'après libéralisme*. Éditions de l'Aube, 1999.
_____, *L'histoire continue*. Éditions de l'Aube, 1999.
_____, *Le Monde Diplomatique*, agosto de 2000.
WATERMAN, Peter, "An open letter to the general secretary of ICFTU". *Focus on Trade*, nº 49, abril de 2000.
_____, Peter, "International labour's Y2K problem", http://www.antenna.nl/~waterman/.
WOLF, Eric, *Les guerres paysannes du vingtième siècle*. New York, 1969. François Maspero, 1974. [Edição brasileira: *As guerras camponesas no século 20*, Hucitec, São Paulo.]
WOLFENSOHN, James, entrevista no *Libération*, 10 de julho de 2000.
YATES, Michael, *Why unions matter*. Monthly Review Press, 1998.

OUTROS LANÇAMENTOS DA EDITORA VIRAMUNDO

OS HOMENS DO PRESIDENTE
Luis Marcos Gomes

UMA SUSTENTÁVEL REVOLUÇÃO NA FLORESTA
Domingos Leonelli

INTRODUÇÃO À TEORIA ECONÔMICA MARXISTA
Osvaldo Coggiola

ABRAÇOS QUE SUFOCAM e outros ensaios sobre a liberdade
Roberto Espinosa
Prefácio: Benjamin Abdala Jr.; Orelha: Roniwalter Jatobá

OCEANO COLIGIDO – antologia poética
Iacyr Anderson Freitas

OUSAR LUTAR – memórias da guerrilha que vivi
José Roberto Resende
Depoimento a Mouzar Benedito

SOCIALISMO OU BARBÁRIE – documentos da articulação de esquerda
Organização: Valter Pomar

PRÓXIMOS LANÇAMENTOS

UM MUNDO A GANHAR – revolução democrática e socialista
Wladimir Pomar

FERRER, BILL FERRER – detetive heterodoxo
Saphira Mind
Tradução de Mouzar Benedito

O SER E O NÃO SER DA CONSCIÊNCIA
Mauro Iasi
Série Confrontos

PEDRO POMAR – uma vida comunista (título provisório)
Wladimir Pomar